С.А. Хавронина, И.В. К

ВСЕМУ СВОЁ ВРЕМЯ

Средства и способы выражения времени в русском языке

Второе издание, переработанное

МОСКВА
2015

УДК 811.161.1
ББК 81.2 Рус-96
    Х 12

Хавронина, С.А.

Х 12   **Всему своё время**: Средства и способы выражения времени в русском языке / С.А. Хавронина, И.В. Казнышкина. — 2-е изд., перераб. — М.: Русский язык. Курсы, 2015. — 216 с.

ISBN 978-5-88337-392-2

Цель пособия — обобщение и систематизация средств и способов выражения времени в русском языке. Учебный материал представлен в виде речевых образцов, комментария, упражнений и текстов.

Пособие предназначается для иностранных студентов, аспирантов, слушателей курсов и преподавателей-русистов.

УДК 811.161.1
ББК 81.2 Рус-96

ISBN 978-5-88337-392-2

СОДЕРЖАНИЕ

Предисловие

Настоящее пособие предназначено для работы с иностранцами, уже владеющими русским языком в объёме базового уровня. Оно посвящено выражению времени, представленному разнообразными лексическими и грамматическими единицами.

В русском языке для называния моментов и отрезков времени используются наречия (*утром, поздно ночью, послезавтра, весной, однажды*), предложно-падежные формы (*в три часа, в этот вечер, во второй половине дня, в среду, в январе, в прошлом году, в двадцатом веке, на этой неделе, с двух до пяти*), союзы и союзные слова (*когда, в то время как, с тех пор пока, до того как, прежде чем, как только*). Часть из этих средств усваивается иностранными учащимися уже на начально-среднем этапе попутно с изучением падежей.

Настоящее пособие имеет целью повторение и дальнейшее расширение средств и способов обозначения времени, их сопоставление и разграничение, обобщение и систематизацию. Работа над данной темой позволяет повторить ряд грамматических явлений, тесно связанных с временными конструкциями, таких как предложно-падежные формы, виды глагола, глаголы движения.

Книга имеет учебно-справочный характер. Подлежащие усвоению формы времени представляются в виде таблиц с речевыми образцами и комментария, содержащего сведения об особенностях временных форм и конструкций, о различиях в их значении и об условиях их употребления.

Комментарий адресован главным образом преподавателям, а также тем учащимся, которые заинтересованы не только в практическом освоении языковых явлений, но и в их теоретическом (лингводидактическом) осмыслении. Книга может использоваться как для работы в аудитории под руководством преподавателя, так и для самостоятельного изучения русского языка.

Основной способ закрепления учебного материала в пособии — упражнения, последовательность расположения которых в каждом разделе определяется постепенным наращиванием языковых и операционных трудностей. Поскольку пособие предназначается учащимся не начального этапа обучения, при отборе слов и словосочетаний для упражнений авторы не связывали себя идеей строгой минимизации лексики, в то же время учитывали и употребительность, и тематическую ценность лексических единиц.

Кроме тренировочных упражнений, в пособие включены задания игрового характера, загадки и задачи, которые позволяют активизировать конструкции времени в живой спонтанной речи.

Серии упражнений в каждом разделе завершаются тестовыми заданиями для контроля и самоконтроля, результаты которого можно проверить по ключам, данным в конце книги.

В пособие включены тексты о календаре, системах летосчисления, сезонах, праздниках, часах и других явлениях, связанных со временем, из справочной литературы, из электронных СМИ, а также составленные авторами пособия. Тексты используются и для языковой работы — наблюдений над функционированием лексических и грамматических единиц в связном последовательном повествовании, и для речевой работы. Имея познавательную — культурологическую и страноведческую ценность, тексты могут служить основой для развития и совершенствования рецептивных и репродуктивных речевых умений.

Условные обозначения

$\big($? $\big)$ — Подумаем!

$\big($⊞$\big)$ — Поиграем!

$\big($📖$\big)$ — Текст

$\big($! $\big)$ — Это интересно

$\big($NB!$\big)$ — Это важно

$\big($√$\big)$ — Тест. Проверьте себя!

⚷ — Имеется ключ к упражнению

ВЫРАЖЕНИЕ ВРЕМЕНИ ДЕЙСТВИЯ В ПРОСТОМ ПРЕДЛОЖЕНИИ

ОБОЗНАЧЕНИЕ ЧАСОВОГО ВРЕМЕНИ

Сколько времени? Который час?	Когда? В котором часу?
час дня (ночи)	в час дня (ночи)
четыре часа дня (вечера, утра)	в четыре часа дня (вечера, утра)
шестнадцать часов три минуты	в шестнадцать часов три минуты
три минуты пятого	три минуты пятого
пятнадцать минут третьего = четверть третьего	пятнадцать минут третьего = четверть третьего
половина седьмого = полседьмого	в половине седьмого = полседьмого
без пятнадцати шесть = без четверти шесть	без пятнадцати шесть = без четверти шесть
без трёх (минут) шесть	без трёх (минут) шесть

В разговорной речи для обозначения часового времени обычно употребляются числительные от одного до двенадцати, в официальной речи — от одного до двадцати четырёх.

Чтобы обозначить часть суток, добавляются слова: *утра, вечера, дня, ночи*, которые могут опускаться, если из ситуации понятно, о каком времени суток идёт речь. Если у вас появляется затруднение в употреблении выражений *четыре часа **дня*** и *четыре часа **вечера***, ориентируйтесь на свои ощущения: если это тёмное время суток зимой, лучше сказать *четыре часа **вечера***, если это светлое время суток летом — *четыре часа **дня***.

Упражнение 1. Который сейчас час? Если вы находитесь в России, то скажите, сколько времени сейчас у вас на родине. Если вы не в России, то сколько времени сейчас в Москве? А в Праге? А в Лондоне? А в Пекине?

Упражнение 2. Сколько сейчас времени? Скажите, сколько времени было 10, 15 и 30 минут назад. Сколько времени будет через 12, 15 и 30 минут?

Упражнение 3. Расскажите, что вы делали вчера в указанное время и расспросите об этом своего соседа. Вместо официального обозначения времени используйте формы со словами **утра**, **дня**, **вечера**, **ночи**.

8.10	11.25	13.15	15.04
17.45	19.30	21.51	00.22

А теперь расскажите, что вы планируете делать завтра в это время:

7.15	10.01	12.00	14.30
16.04	18.48	20.45	2.30

Упражнение 4. Вам сообщают о времени какого-то события. Уточните, в какое время суток это произошло или произойдёт. Составьте короткие диалоги по образцу.

О б р а з е ц:

— Программа начнётся завтра в десять тридцать.

— Утра или вечера?

— Пол-одиннадцатого утра.

1. Пресс-конференция в аэропорту состоится в 9.30.
2. Самолёт прилетает в 2.15.

3. Их ребёнок родился вчера в 4.45.

4. Передача начинается в 11.30.

5. Скорая помощь приехала в 3.10.

6. Часы остановились в 9.58.

7. Последняя электричка уходит в 12.22.

Упражнение 5. Дополните диалоги вопросами.

1. —... ?

—Утренние спектакли начинаются в 11 часов.

2. —... ?

—Метро начинает работать в 5 часов 30 минут.

3. —... ?

—Лекции кончаются в 3 часа.

4. —... ?

—Почта закрывается в 20 часов.

5. —... ?

—Поезд № 112 отправляется в 19.05.

6. —... ?

—Обычно я выхожу из дома в 8 часов, а в университет прихожу в 9.

Упражнение 6. Прочитайте программу телеканала «Культура» и ответьте на вопросы.

Сколько раз в день передают «Новости культуры» и в какое время?

Когда, в какое время на канале «Культура» идут художественные фильмы?

Что в программе показалось вам интересным? В какое время, на ваш взгляд, должны идти эти передачи?

Как часто вы смотрите телевизор?

В какое время вы смотрите телевизор и какие передачи?

06:30 Евроньюс

10:00 Новости культуры

10:15 «Перри Мэйсон». Телесериал (США, 1964)

12:10 Мировые сокровища культуры. Сиднейский оперный театр

12:25 ДЕТСКИЙ СЕАНС. «Приключения котёнка и его друзей». Мультфильм

13:20 110 ЛЕТ СО ДНЯ РОЖДЕНИЯ ГЕОРГИЯ ГАМОВА. «Физик от Бога». Документальный фильм

14:10 ЗОЛОТАЯ СЕРИЯ РОССИИ. «В лесах и на горах». Телесериал (Россия, 2010). 10-я серия

15:00 Новости культуры

15:10 «Влюбиться в Арктику». Документальный сериал. 2-я серия

15:40 Оркестровые миниатюры. Симфонические транскрипции И.С. Баха

16:20 «Александр Солженицын». Документальный фильм

17:00 ПРИМАДОННЫ МИРОВОЙ ОПЕРЫ. Анна Нетребко

18:10 «Полиглот». Немецкий с нуля за 16 часов! Урок №10

19:00 Новости культуры

19:15 «Великая тайна воды». Документальный сериал. 1-я серия

20:10 Правила жизни

20:40 «Кто мы?» Историческая программа Феликса Разумовского

21:20 Мировые сокровища культуры. «Вальпараисо. Город-радуга»

23:00 Оркестровые миниатюры. Пьесы М. Глинки и Ф. Мендельсона

23:30 Новости культуры

23:50 «Остров». Художественный фильм (Россия, 2006)

01:35 Концерт Академического оркестра русских народных инструментов. Дирижёр Н. Некрасов

Упражнение 7. У вас и у вашего соседа (вашей соседки) разные планы на воскресенье, но вам обязательно нужно передать ему (ей) книгу. Договоритесь, когда, в котором часу вы сможете встретиться друг с другом в этот день.

Упражнение 8. Проведите в группе опрос о том, кто как проводит свой день. Обобщите и проанализируйте полученные сведения. Что, по-вашему, следовало бы изменить в студенческой жизни?

Эта игра называется **«Сколько времени? Который час?»** Вам потребуются две одинаковые колоды карточек с изображением часов, показывающих разное время. Одну колоду раздайте поровну всем участникам игры, а другую перемешайте и положите на стол «рубашками» вверх. Внимательно посмотрите на свои карточки. Начнём играть. Первый игрок берёт из общей колоды одну карточку и смотрит на неё. Остальные игроки спрашивают его: «Сколько времени? Который час?» Первый игрок отвечает им, сколько времени на «его» часах, но не показывает им карточку. Все игроки ищут среди своих карточек часы, которые «показывают» названное время. Игрок, нашедший у себя такую карточку, показывает её всем, называет время, но не повторяет уже произнесённую первым игроком конструкцию, а использует синоним. Если он не ошибается в своём ответе, он откладывает карточку в сторону. Если он ошибается, то карточка остаётся у него. Затем игру продолжает следующий. Выигрывает тот, кто первым избавится от всех своих карточек.

«ТОЧНО, КАК ИЗ ПУШКИ»

Каждый день, ровно в полдень, в Петропавловской крепости в Санкт-Петербурге раздаётся традиционный выстрел из пушки. Благодаря этому в городской фразеологии есть замечательная поговорка — «Точно, как из пушки».

В XVIII веке горожане, как правило, не имели собственных часов. Они определяли приблизительное время по солнцу, по заводским гудкам, по колокольному звону. И только один раз в сутки точное время узнавали по полуденному выстрелу со стен Петропавловской крепости. И можно было не сомневаться, что оно было точным... как из пушки.

У питерцев есть поговорка: «В Питере пушка, которая стреляет каждый день, в Москве пушка, которая не стреляет никогда». Это Царь-пушка в Кремле.

В восемнадцатом и девятнадцатом веках пушки Петропавловской крепости стреляли не только в полдень. Они сообщали горожанам о наводнениях, о торжественных событиях в царской семье, в жизни города и государства. От полуденного выстрела эти «сообщения» отличались количеством залпов, и это определялось строгими правилами.

Известные петербургские шутники часто рассказывали анекдоты о пушке. Говорят, что однажды, в какой-то торжественный день, вся царская семья только что села за стол. Комендант Петропавловской крепости стоял у окна. Кто-то за столом сказал: «Я всегда удивляюсь точности пушки и не понимаю, как вы делаете, что пушка всегда стреляет вовремя». «Это очень просто, — ответил комендант, — я делаю вот так!» Он достал носовой платок и взмахнул им. И тут начались выстрелы из пушек. Сам комендант не мог понять, почему пушки начали стрелять.

После революции 1917 года традиция полуденных выстрелов прекратилась. Она возобновилась только в 1957 году.

I. Объясните, почему в Петербурге родился обычай каждый день, ровно в полдень, стрелять из пушки.

II. Ответьте на вопросы.

1. Были ли вы когда-нибудь в Санкт-Петербурге и слышали ли вы там выстрел пушки в полдень? Какова была ваша реакция? Как вы думаете, что делают люди, когда они слышат выстрел?

2. О чём ещё могли сообщать выстрелы пушек в Петербурге в восемнадцатом и девятнадцатом веках?

3. В чём «соль» анекдота, который приводится в тексте?

ОБОЗНАЧЕНИЕ ДАТЫ

Дата

Какое сегодня число? Какое число было вчера? Какое число будет завтра?	Когда? Какого числа?
Сегодня двадцатое мая. Вчера было девятнадцатое мая. Завтра будет двадцать первое мая.	двадцатого мая девятнадцатого мая двадцать первого мая
второе июня две тысячи шестнадцатого года	второго июня две тысячи шестнадцатого года

ОБОЗНАЧЕНИЕ ВРЕМЕНИ ДЕЙСТВИЯ

День

Какой (сегодня) день?	Когда? В какой день?
понедельник среда воскресенье	в понедельник в среду в воскресенье
день рождения день России выходной день	в день рождения в день России в выходной день
	позавчера вчера сегодня завтра послезавтра

Время суток

Какое время суток?	Когда? В какое время суток?
утро день вечер ночь	утром днём вечером ночью

Неделя

Какая неделя?	Когда? На какой неделе?
эта неделя	на этой неделе
та неделя	на той неделе
прошлая неделя	на прошлой неделе
позапрошлая неделя	на позапрошлой неделе
следующая (будущая) неделя	на следующей (на будущей) неделе

Месяц

Какой месяц?	Когда? В каком месяце?
апрель	в апреле
этот месяц	в этом месяце
тот месяц	в том месяце
прошлый месяц	в прошлом месяце
позапрошлый месяц	в позапрошлом месяце
следующий (будущий) месяц	в следующем (в будущем) месяце

Год

Какой год?	Когда? В каком году?
тысяча девятьсот девяносто девятый год	в тысяча девятьсот девяносто девятом году
двухтысячный год	в двухтысячном году
две тысячи шестнадцатый год	в две тысячи шестнадцатом году
этот год	в этом году
тот год	в том году
прошлый год	в прошлом году
позапрошлый год	в позапрошлом году
следующий (будущий) год	в следующем (в будущем) году

В разговорной речи при указании на год часто используются только две последние цифры, когда из контекста понятно, о каком веке идёт речь. Например: *Вторая мировая война закончилась **в сорок пятом году**. Зимняя Олимпиада проходила в России **в четырнадцатом году**.*

Время года, сезон

Какое время года?	Когда? В какое время года?
зима весна лето осень	зимой весной летом осенью

Век

Какой век? Какое столетие?	Когда? В каком веке? В каком столетии?
первый век от Рождества Христова первый век нашей эры	в первом веке от Рождества Христова в первом веке нашей эры
шестой век до Рождества Христова шестой век до нашей эры	в шестом веке до Рождества Христова в шестом веке до нашей эры
этот век, это столетие тот век, то столетие	в этом веке, в этом столетии в том веке, в том столетии
прошлый век, прошлое столетие, следующий (будущий) век следующее (будущее) столетие	в прошлом веке, в прошлом столетии, в следующем (в будущем) веке в следующем (в будущем) столетии
средние века	в средние века

Время (=период). Период. Эпоха. Эра

Какое время? Какой период? Какая эпоха? Какая эра?	Когда? В какое время? В какой период? В какую эпоху? В какую эру?
миг, мгновение секунда, минута	в (один) миг, в (это) мгновение в (эту) секунду, в (ту самую) минуту
наше время, ближайшее время	в наше время, в ближайшее время, НО: в скором времени
период войны	в период войны
эпоха застоя, эра холодной войны мезозойская эра	в эпоху застоя, в эру холодной войны в мезозойскую эру
первая смена	в первую смену

Упражнение 9. Прочитайте следующие даты. Обратите внимание на то, что русские иногда пишут число в дате арабскими цифрами, а месяц — римскими. При этом сначала пишется число, а потом месяц.

1/I, 14/II, 8/III, 12/IV, 9/V, 22/VI, 4/VII, 19/VIII, 1/IX, 25/X, 7/XI, 25/XII

7.01, 23.02, 12.03, 19.04, 1.05, 6.06, 20.07, 22.08, 14.09, 16.10, 30.11, 15.12

Упражнение 10. Прочитайте текст.

РИМСКИЕ И АРАБСКИЕ ЦИФРЫ

В странах Западной Европы в течение многих веков использовались римские цифры — I, V, X, C, D, L, M. В конце двенадцатого — начале тринадцатого века арабы познакомили Европу с десятичной системой нумерации, которая сложилась в Индии ещё в шестом веке нашей эры. Мы называем цифры 1, 2, 3 и так далее арабскими, хотя по происхождению они индийские.

До конца семнадцатого века в официальных бумагах разрешалось применять только римские цифры. И всё же арабские цифры одержали победу. Сначала новую систему нумерации приняли практичные европейские купцы и банкиры, а потом учёные и политики. Римские цифры используются в настоящее время при обозначении века: XV век, XXI век.

В Древней Руси существовала буквенная, или алфавитная, нумерация. Так, цифра один обозначалась буквой **А**, два — буквой **В**, три — **Г**, четыре — **Д**, пять — **Є**, десять — **I**, сто — **Р**, двести — **С**, триста — **Т**, пятьсот — **Ф**, шестьсот — **Х**, тысяча — словом «**тьма**». Такой нумерацией пользовались до начала восемнадцатого века. При Петре Первом её также вытеснили арабские цифры.

Как вы думаете, какие это числа?

а) CDXLIV _____
б) DLV _____
в) MCMXCIX _____ ,

если I — это 1, V — 5, X — 10, L — 50, C — 100, D — 500, M — 1000; если цифра перед другой цифрой означает вычитание: IV (V – I) — 4, XL (L – X) — 40, CD (D – C) — 400.

Упражнение 11. Посмотрите на листки календаря, назовите соответствующие датам праздники.

Образец:

24 мая — День славянской письменности и культуры.

Упражнение 12. Знаете ли вы?

1. Когда в России отмечается День защитника Отечества?
2. Когда празднуют День России?
3. Когда отмечают День космонавтики?
4. Когда россияне празднуют День Конституции?
5. Когда отмечают День Победы?
6. Когда в России День смеха?

Упражнение 13. Скажите,

1) какой ваш любимый день недели и почему;
2) в какой день недели вы особенно заняты;
3) какой ваш любимый месяц и почему;
4) когда наступает весна у вас на родине;
5) какое ваше любимое время года и почему;
6) когда у вас обычно отпуск или каникулы.

Упражнение 14. Скажите, когда это было.

Образец:

Основание Москвы — 1147 год.
Москва <u>была основана</u> **в тысяча сто сорок седьмом году**.

1. Принятие христианства на Руси — 988 год.
2. Основание Петербурга — 1703 год.
3. Выход первой русской печатной книги — 1564 год.
4. Основание Московского университета — 1756 год.
5. Открытие Д.И. Менделеевым периодического закона химических элементов — 1869 год.
6. Создание Третьяковской галереи — 1892 год.
7. Запуск первого искусственного спутника Земли — 1956 год.

СТРАНИЦЫ ИСТОРИИ

В IX веке на территории Восточной Европы возникло государство Киевская Русь. В X веке (988 г.) Русь приняла христианство. В XI веке (1037 г.) в Киеве был построен Софийский собор. Первые летописные книги появились в XI веке, тогда же была написана «Русская правда» (первый свод законов).

В первой половине XII века Русь распалась. В середине XII века на территории Киевской Руси образовалось 15 самостоятельных княжеств.

20

В первой половине XIII века (в 1237 г.) на русские земли пришло войско монгольского хана Батыя. В 1240 году был разрушен Киев.

7 сентября 1380 года на берегу Дона, на Куликовом поле, русские впервые разбили войско ордынских ханов. Это событие получило название Куликовская битва. Окончательно русские освободили свою землю от ордынского ига только в конце XV века, в 1480 году.

Упражнение 15. Возразите, если вы не согласны с утверждением, и уточните дату события.

Образец:

Петербург основан в семнадцатом веке. — Нет, по-моему, Петербург основан **в восемнадцатом веке**.

1. Москва была основана в десятом веке.
2. Татьянин день отмечается двадцать четвёртого января.
3. Пушкин родился в июле тысяча семьсот девяносто восьмого года.
4. Радио было изобретено в двадцатом веке.
5. Впервые человек полетел в космос в пятидесятые годы прошлого века.
6. Зимняя Олимпиада в Сочи проходила в две тысячи тринадцатом году.

Упражнение 16. Знаете ли вы?

1. Когда Колумб открыл Америку?
2. Когда был создан первый автомобиль?
3. Когда было изобретено кино?
4. Когда была создана Организация Объединённых Наций?
5. Когда человек впервые полетел на самолёте?
6. Когда появился первый персональный компьютер?

Упражнение 17. Это экран планшета Алексея Васильевича. Как вы думаете, кто он по профессии? Почему вы так думаете? Чем он занимался на прошлой неделе, что делает на этой неделе и что ему предстоит на следующей неделе?

прошлая неделя
— переговоры с фирмой «Контакт»
— пресс-конференция в гостинице «Сла-
вянская»

эта неделя
— встреча с представителями страховой
компании
— выставка в «Экспоцентре»

следующая неделя
— презентация новых товаров
— командировка в Нижний Новгород

Упражнение 18. Составьте интересные вопросы, связанные с датами, для викторины и предложите ответить на них своим друзьям.

Эта игра называется **«Договорились!»** Представь-те себе, что вы хотите пригласить знакомого (знакомую) к себе домой на ужин. Позвоните ему (ей) по телефону и договоритесь с ним (с ней) о времени ужина. Для это-го вам нужно посмотреть в свой ежедневник и выбрать удобное для себя время. Конечно, не всё так просто, ведь у вашего знако-мого тоже есть дела (об этом говорит страничка «его» ежедневни-ка). Но можно договориться!

Студент А

Студент Б

Во время игры преподаватель должен следить за правильным употреблением студентами конструкций времени. Чем естественнее будут диалоги, тем лучше. Игра заканчивается словами «Договорились? — Договорились!» Наиболее интересный диалог может послушать вся группа.

КРЕМЛЁВСКИЕ КУРАНТЫ

Первые часы на Спасской башне Кремля появились в конце XV века, а в 1624 году английский мастер Христофор Головей установил новые часы-куранты «с механизмом», но в 1626 году эти часы сгорели при пожаре. В 1628 году Головей смастерил вторые часы для Спасской башни, однако в 1654 году новый пожар уничтожил их. В 1668 году на Спасской башне установили ещё одни часы. Это был большой диск, диаметром три с половиной метра, на котором располагались арабские цифры от 1 до 17, в центре диска было изображено небо с золотыми, серебряными звёздами, луной и солнцем. Диск медленно вращался, так что луч солнца служил стрелкой.

В начале XVIII века Пётр Первый решил поместить на Спасской башне голландские часы с двенадцатичасовым циферблатом. Новые часы с колокольной музыкой впервые пробили девятого декабря 1706 года, в 9 часов утра. Они показывали время тридцать лет, но в 1737 году сгорели при пожаре. В 1767 году эти часы восстановили. Как вы думаете, что стало с этими часами во время пожара 1812 года? ... Увы, вы правы.

Современные куранты — это часы, которые сделали часовые мастера братья Бутеноп в 1851 году. Диаметр циферблата кремлёвских курантов 6,12 метра, высота римских цифр — 72 сантиметра, длина часовой стрелки — 2,97 метра, а минутной — 3,27 метра. В дни Октябрьской революции механизм часов был повреждён. В августе 1918 года начались работы по реставрации курантов, и в скором времени часы заиграли «Интернационал». В 1932 году музыкальный механизм был заменён. Куранты стали отмечать колокольным «перебором» каждую четверть часа, а большой колокол стал отбивать часы.

В настоящее время кремлёвские куранты соединены с контрольными часами Московского астрономического института и показывают самое точное время в России.

(По энциклопедии «Москва»)

I. Ответьте на вопросы.

1. Какой факт из истории Кремлёвских курантов запомнился вам?

2. В каком контексте упоминается конец пятнадцатого века, начало восемнадцатого и начало девятнадцатого веков, дни Октябрьской революции и настоящее время?

II. Найдите в тексте ответы на вопросы.

1. Сколько лет прослужили часы английского мастера Головея?

2. Когда были установлены первые часы с колокольной музыкой?

3. Когда и кем были сделаны современные куранты?

III. Укажите, поставив «галочку» (✓) в столбике «да» или «нет», какие утверждения являются правильными, а какие — нет.

	Да	Нет
1. Первые часы «с боем» установил английский мастер Головей в семнадцатом веке.	☐	☐
2. Во время пожара Москвы в 1812 году часы сгорели.	☐	☐
3. Современные куранты изготовлены в XX веке.	☐	☐
4. Кремлёвские куранты показывают эталонное время.	☐	☐

IV. Расскажите, какие часы являются главными в вашей стране, где они установлены и что вам известно об их истории.

ОБОЗНАЧЕНИЕ ПРОДОЛЖИТЕЛЬНОСТИ ДЕЙСТВИЯ

Сколько времени? Как долго?	
без определения	*с согласованным определением*
секунду, минуту, час	целую секунду, всю эту минуту, целый час
день, ночь, вечер, утро	весь день, целую ночь, весь вечер, целое утро
вторник, среду	весь вторник, всю среду
неделю	всю неделю, целую неделю, вторую неделю
месяц, апрель	весь месяц, целый месяц, весь апрель
зиму, весну, лето, осень	всю зиму, всю весну, всё лето, всю осень
год	весь год, целый год, круглый год, первый год
часы	долгие часы, целых четыре часа
недели	первые три недели, целых три недели
месяцы, годы, века	долгие месяцы, долгие годы, долгие века
вечность	целую вечность
два, три, четыре года	последние три года, целых три года
пять лет	уже пять лет как
	всё время, какое-то время, весь период
	всю жизнь, всю дорогу, весь путь
	весь праздник, все каникулы, весь урок
в течение	минуты, часа, дня, ночи, недели
в продолжение	всего месяца, года, века
на протяжении	всего пути, всей жизни, всего этого периода

Для обозначения продолжительности действия есть два способа.

1 способ. Существительные со значением единицы времени или периода действия в форме **вин. п.** без предлога. *Он лежал в больнице* ***неделю***. *Я говорил с ним по телефону* ***только одну минуту***. *Мы молчали* ***всю дорогу***.

Часто, для усиления значения длительности, перед этими существительными стоят согласованные определения. В качестве определений используются слова:

1) **весь** и **целый**; после слова **весь** могут стоять другие согласованные определения: *весь* ***следующий*** *день, всю* ***ту*** *ночь,* НО: *целый день, целое воскресенье*;

2) **долгие** (во множественном числе): *долгие годы*;
3) порядковые числительные: *второй год*;
4) **битый** во фразеологизме **битый час** (разг.) = *очень долго*.

Без определений могут употребляться только существительные со значением единицы времени: **секунду**, **минуту**, **час**, **день**, **неделю**, **недели**, **месяц**, **месяцы**, **год**, **годы**, **век**, **века**, реже — **весну**, **лето**, **осень**, **зиму**, — и сочетания с количественными числительными: **три минуты**, **одну неделю**, **сорок лет** и т.д.

Обратите внимание на слова **весь** и **целый**. Это синонимы, однако слово **целый** имеет дополнительное значение «очень долго», «слишком долго»: *Он не спал всю ночь. — Он не спал целую ночь.* Слово **весь** обычно не употребляется в сочетании с существительными **секунда**, **минута**, **час** без дополнительного определения: *Мы ждали тебя на вокзале целый час. Весь следующий час мы ждали тебя на вокзале. Она молчала целую минуту. Всю эту минуту она молчала.*

Для усиления значения длительности действия перед словосочетанием **количеств. числ. + сущ.** (со значением времени) (кроме числительных **один**, **одна**, **одно**, **одни**) слово **целый** стоит в форме **род. п. мн. ч.**: целых. *Мы ждали автобус целых двадцать минут. Они жили в эмиграции целых пять лет.*

Для усиления значения краткости действия перед словосочетанием **количеств. числ. + сущ.** (со значением времени) может использоваться слово **весь** в форме **род. п. ед. ч. муж. р.**: всего. Иногда вместе со словом **всего** стоит слово **только** или **лишь**: *всего только, всего лишь. Мы ехали на автобусе всего (только) двадцать минут. Они жили в России всего (лишь) пять лет.*

2 способ. Существительные со значением единицы времени или периода времени в форме **род. п.** с предлогами **в течение**, **в продолжение**, **на протяжении**: *в течение года, в течение урока, в продолжение часа, на протяжении всего пути.*

Конструкции с предлогами **в течение**, **в продолжение** и **на протяжении** носят книжный характер и менее употребительны в разговорной речи, чем конструкции с существительными в винительном падеже для обозначения продолжительности действия.

Упражнение 19. Сравните пары предложений. Есть ли разница в их значениях? Если есть, объясните, в чём.

1. Весь день мы работали в саду. — Целый день мы работали в саду.

2. Весь месяц не было дождя. — Целый месяц не было дождя.

3. Весь год он был в больнице. — Целый год он был в больнице.

4. Всю пятницу я готовилась к поездке. — Целую пятницу я готовилась к поездке.

5. Всю неделю она ждала твоего ответа. — Целую неделю она ждала твоего ответа.

Упражнение 20. Прочитайте диалоги. Скажите, в каких предложениях слово **весь** можно заменить словом **целый**?

1. —Что вы делали на уроке?
   —**Весь** урок писали контрольную работу.

2. —Где ты была в каникулы?
   —**Все** каникулы болела гриппом.

3. —Как вы провели отпуск?
   —**Весь** отпуск я занимался ремонтом квартиры.

4. —Где ваши дети были летом?
   —**Всё** лето дети провели на даче.

5. —Кем ты хотел стать в детстве?
   —**Всё** детство я мечтал стать кондуктором трамвая.

6. —Вы знаете прогноз погоды на неделю?
   —Говорят, **всю** неделю будут дожди.

7. —Где ты был в субботу? Я звонил тебе **всё** утро.
   —**Всё** утро я играл в теннис.

8. —Вам понравился спектакль?
   —Совсем не понравился. **Весь** спектакль героиня бегала по сцене и рыдала.

9. —Сегодня у дедушки юбилей?
   —Да, **весь** день звонят, поздравляют.
10. —Где работал дедушка?
   —**Всю** жизнь он проработал в одном институте, в одной лаборатории.

Упражнение 21. Вставьте в предложение конструкцию времени, данную справа, в нужной форме.

1. ... была спокойной.	вся зима
... мы жили спокойно.	
2. ... была дождливой.	прошлая осень
... мы провели в горах.	
3. Незаметно пробежала	целая жизнь
... он искал своих родителей.	
4. Мы занимались подготовкой к переговорам	вся неделя
... была занята перепиской.	
5. До его возвращения домой прошла	целая вечность
Мать ждала его	

Упражнение 22. Дополните предложения указанием на продолжительность действия, выбрав подходящую по смыслу конструкцию времени: **всю войну, полтора часа, долгие годы, всю дорогу, целый день, всю зиму, целую вечность, весь вечер, всю жизнь**.

1. Спектакль шёл ... .
2. ... от театра до дома мы шли молча.
3. ... я просидел в библиотеке.
4. ... они любили друг друга.
5. Она ждала его письма с фронта ... .
6. Их переписка кончилась, и ... они ничего не знали друг о друге.
7. В сентябре семья обычно возвращалась в город, а старики жили в деревне ... .

Упражнение 23. Вставьте в предложения вместо пропусков слова **весь** или **целый** в нужной форме. Объясните свой выбор. В каких случаях можно употребить оба этих слова?

1. От станции до деревни мы шли … час.
2. Они прожили за границей … год.
3. Девочка упала и лежала без движения … минуту.
4. Мы ходили по магазинам … день.
5. … неделю она ждала письма от родителей.
6. Мы летели над океаном … ночь.
7. … зиму мы готовились к этой поездке.
8. Они не видели друг друга … вечность.

Упражнение 24. Скажите, как сделать стиль следующих предложений не таким книжным? Переделайте предложения, заменяя книжные конструкции времени разговорными.

О б р а з е ц :

Мы ждали вас в течение всего вечера. — Мы ждали вас **весь вечер**.

1. В течение всей ночи шёл дождь. 2. В продолжение целого вечера я писал доклад. 3. На протяжении всей сессии мой брат болел. 4. Я буду в командировке в течение всей следующей недели. 5. В продолжение целого часа я пытался дозвониться до тебя. 6. Он валял дурака в течение всех выходных. 7. Что ты собираешься делать на протяжении всего этого времени? 8. Следствие шло в течение целого года. 9. На протяжении целого месяца работники зоопарка спасали больного льва.

В предложениях с конструкциями, обозначающими продолжительность действия, употребляются глаголы несовершенного вида: *Он жил здесь 2 года. Я ждал вас целый час. Долгие годы он не получал писем от неё.*

Глаголы совершенного вида в таких предложениях используются только с префиксами **по-**, **про-** и **от-**, которые указывают на способы глагольного действия со значением ограниченности, краткости действия (префикс **по-**) и длительности действия во времени (префиксы **про-** и **от-**). *Ребёнок походил 10 минут и быстро устал. Отец проработал на этом заводе всю жизнь. Мать тоже отработала там 10 лет.*

Часто при глаголах с префиксами **про-** и **от-** употребляется слово **целый** (**целых**) для усиления значения длительности действия, а при глаголах с префиксом **по-** — слово **всего** (**только** или **лишь**), чтобы подчеркнуть кратковременность действия: *Вернувшись домой, Олег лёг спать и **проспал** целых двенадцать часов. В дороге он **поспал** всего лишь пару часов.*

Упражнение 25. Вставьте в предложения нужные по смыслу глаголы в форме прошедшего времени. Укажите вид этих глаголов.

1. Мы ... русский язык три года.
2. Обычно я ... домашнее задание полтора часа.
3. В прошлом году он ... на море полторы недели.
4. От центра города до аэропорта мы ... полчаса.
5. Всю дорогу мы ... , потому что очень устали.
6. Этот спектакль ... в нашем театре полгода.

Упражнение 26. Дополните предложения информацией о том, сколько времени продолжалось действие, используя нужные конструкции времени.

Образец:

В девятом году брат поступил в университет и учился там ... . — В девятом году брат поступил в университет и учился там **пять лет**.

1. Он взял книгу в библиотеке в прошлую пятницу и читал её ... .
2. В музее была длинная очередь, и мы стояли ... .
3. Мы вызвали скорую помощь по телефону и ждали её ... .
4. Они познакомились ещё в юности и любили друг друга ... .
5. Дождь начался рано утром и шёл ... .
6. Я пришла к тебе вчера полпервого и ждала тебя ... .
7. Этот сериал начался ещё осенью и продолжался ... .

Упражнение 27. Вставьте вместо пропусков нужный глагол с префиксом **по-** или **про-**, указывающий на краткость или длительность действия:

1. Вчера мне позвонила моя подруга, и мы ... с ней по телефону весь вечер. Моя двоюродная сестра зашла к нам сегодня утром, и мы ... с ней минут десять.	говорить
2. Дети устали, гуляя по лесу, и немного ... под деревом. В воскресенье с утра шёл дождь, и я ... весь день дома.	сидеть
3. Молодая учительница ... в деревенской школе полгода, вышла замуж и уехала с мужем. Директор школы ... здесь десять лет.	работать
4. Мой брат ... гриппом неделю и поправился, а младшая сестра ... почти целый месяц.	болеть
5. Вчера у входа на выставку была очень большая очередь — мы ... за билетами целый час, а сегодня наши друзья ... всего десять минут.	стоять

Упражнение 28. Составьте предложение с данными глаголами, используя слова **целый** и **всего**.

О б р а з е ц:

лежать, пролежать, полежать —
Дедушка лежал в больнице **две недели**.
После травмы спортсмен пролежал в больнице **целый месяц**.
После обеда он полежал с книгой **всего четверть часа** и заснул.

1. работать, проработать, поработать;
2. сидеть, просидеть, посидеть;
3. ждать, прождать, подождать;
4. говорить, проговорить, поговорить;
5. заниматься, прозаниматься, позаниматься.

Упражнение 29. Составьте предложения с данными конструкциями времени, используя слова **целый** и **всего**.

О б р а з е ц:

семь лет, тридцать лет, месяца два — Отец работал на этом заводе семь лет, дедушка проработал здесь <u>целых тридцать лет</u>, а я поработал <u>всего два месяца</u> и ушёл.

1. два часа, день, десять минут;
2. полтора месяца, год, полторы недели;
3. четверть часа, урок, минуты две;
4. лет пять, полжизни, пару лет;

Упражнение 30. Скажите, какое действие продолжалось **всего 10 минут**, а какое — **целых 10 минут**?

О б р а з е ц:

Операция продолжалась **всего десять минут**. Девушка была без сознания **целых десять минут**.

Придумайте по аналогии свои примеры, добавляя слова **всего** и **целых**.

полчаса	два дня	полторы недели
четыре месяца	пять лет	полвека

Упражнение 31. Ответьте на вопросы.

1. Сколько времени поезд шёл от Петербурга до Москвы? Когда пришёл ваш поезд?
2. Когда вы вернулись из гостей? Сколько времени вы были в гостях?
3. Когда начнётся дискотека? Сколько времени она будет продолжаться?
4. Когда вы поступили в университет? Сколько лет надо учиться в университете?
5. Сколько времени продолжалась игра? Когда ты вернулась с тренировки?
6. Когда закончится наше занятие? Сколько времени шло занятие?

Упражнение 32. Ответьте на вопросы, используя формулы времени.

1. Сколько времени вы обычно делаете домашнее задание?
2. Сколько времени у вас уходит на сочинение на русском языке?
3. Сколько времени вам нужно, чтобы выучить небольшое стихотворение?
4. Сколько времени, по-вашему, нужно, чтобы прочитать роман «Война и мир»?
5. Как вы думаете, сколько лет надо изучать иностранный язык, чтобы свободно на нём говорить?
6. Что вы делали на прошлом уроке?
7. Чем вы занимались прошлым летом?
8. Как вы провели прошлое воскресенье?

 Упражнение 33. Закончите предложения, выбрав правильный вариант.

1. Дождь шёл ...
   - а) вся ночь.
   - б) всю ночь.
   - в) целая ночь.

2. ... мы провели у озера.
   - а) Всю неделю
   - б) Вся неделя
   - в) Целых одну неделю

3. Мы не писали друг другу ...
   - а) всю вечность.
   - б) целую вечность.
   - в) целая вечность.

4. Они обсуждали этот вопрос долго, ...
   - а) весь час.
   - б) всего один час.
   - в) целый час.

5. По телевизору сообщили о катастрофе в горах. ... мы не могли сказать ни слова друг другу.
   - а) Всю минуту
   - б) Целую минуту
   - в) Целых одну минуту

6. Моя подруга посидела вчера у меня совсем недолго, ...

а) всего только полчаса.
б) целых полчаса.
в) все полчаса.

7. Где ты был?! Мы ждали тебя у театра ...

а) весь час!
б) всего час!
в) целый час!

8. Мать отработала в больнице ...

а) целые тридцать лет.
б) целых тридцать лет.
в) всего только тридцать лет.

9. Зимняя Олимпиада в Сочи проходила ...

а) в феврале двух тысяч четырнадцатого года.
б) в феврале две тысячи четырнадцатого года.
в) в феврале две тысячи четырнадцатый год.

10. ... начнутся экзамены.

а) На этой неделе
б) В эту неделю
в) В этой неделе

МУЗЕЙ «МУЗЫКА И ВРЕМЯ»

В старинном городе Ярославле, на набережной реки Волги, находится необычный музей. Это первый в России частный музей. Он называется «Музыка и время». Музыка — потому что главными экспонатами музея являются антикварные музыкальные инструменты со всего мира: американская фисгармония, орган, французское роялино, клавесины, челесты, а также звучащие диковины: шарманки, музыкальные шкатулки, механическое пианино, граммофоны и патефоны. Здесь собрано около пятнадцати тысяч пластинок с голосами Карузо, Шаляпина, Собинова, с речами известных политических лидеров, с выступлениями писателей и поэтов. А сколько здесь разных колоколов, колокольчиков, бубенцов! Около полумиллиона!

Слово «время» — в названии говорит о том, что значительную часть экспозиции представляют антикварные часы: настенные, напольные, каминные, каретные, с боем, с музыкой. Все часы ходят и специально показывают разное время, чтобы посетители могли слышать звон, бой и мелодии часов как можно чаще.

Кто же создал такой редкий музей? Создателем, владельцем и хозяином музея является житель города Ярославля Джон Григорьевич Мостославский. По профессии он фокусник-иллюзионист. Целых тридцать лет он выступает перед зрителями: угадывает цифры и предметы, продевает иголку через ладонь, глотает шпаги. Но самым своим удачным «фокусом» Джон считает создание этого музея, потому что музей существует за счёт гонораров, которые хозяин получает за свои концерты, ведь музейное дело, к сожалению, не приносит большого дохода.

Джон привозил из гастролей по стране красивые старинные вещи. Он мог отдать последние деньги, чтобы получить какие-нибудь старинные часы или музыкальный инструмент прошлого столетия. Он собирает эту коллекцию всю свою жизнь. Но вместо того чтобы спрятать редкие вещи подальше от чужих глаз, он решил: пусть люди приходят, смотрят, слушают, радуются.

Коллекция стремительно растёт — и не только благодаря приобретениям хозяина. Многие посетители стали приносить свои старые вещи, которые долгие годы хранились на чердаках и в чуланах. Не

за деньги, а за хорошее отношение к старым вещам. Так коллекция пополнилась антикварными утюгами, самоварами, иконами.

В этом музее нет толстых стёкол, ограждений, турникетов, как в государственных музеях, где экспонатами можно только любоваться. Здесь вы можете потрогать все вещи руками, поиграть на любом инструменте. Все экспонаты в рабочем состоянии, потому что специалисты реставрировали их в течение многих лет и теперь ухаживают за ними.

Все экспонаты музея вместе с предметами интерьера, мебелью, скульптурой составляют картину быта, мир звуков, в котором жили наши предки.

I. Ответьте на вопросы.

   1. Какие вещи вы коллекционируете?

   2. В течение какого времени?

   3. Могли бы вы когда-нибудь создать свой собственный музей?

   4. Как бы вы его назвали?

II. Напишите вопросы, которые вы хотели бы задать хозяину музея.

   1. Сколько лет прослужили часы английского мастера Головея?

   2. Когда были установлены первые кремлёвские часы с колокольной музыкой?

   3. Когда и кем были сделаны современные куранты?

III. Дополните предложения словами, указывающими на время:

   1. Он собирает свою коллекцию ... .

   2. ... он выступает перед зрителями: угадывает цифры и предметы, продевает иголку через ладонь, глотает шпаги.

   3. Многие посетители стали приносить свои старые вещи, которые ... хранились на чердаках и в чуланах.

   4. Все экспонаты в рабочем состоянии, потому что специалисты реставрировали их ... и теперь ухаживают за ними.

ОБОЗНАЧЕНИЕ МОМЕНТА НАЧАЛА И КОНЦА ДЕЙСТВИЯ

С какого времени? С которого часа? С какого числа?	До какого времени? До которого часа? До какого числа? По какое число?
с двух часов дня с десятого мая с понедельника с сентября с осени с сорок первого года с приходом весны с началом декады с открытием выставки с каждым часом, днём, месяцем, годом с первого взгляда	до пяти часов вечера до пятого июня (по пятое июня) до пятницы (по пятницу) до июня (по июнь) до весны до сорок пятого года (по сорок пятый год)

С какого времени и до какого времени? С которого часа и до которого часа? С какого числа и по какое число (до какого числа)? Сколько времени? Как долго?
с утра до вечера с лета до зимы с часа дня до двенадцати ночи с двенадцатого июля до второго августа (по второе августа) с две тысячи пятого года до пятнадцатого года (по пятнадцатый год) от зари до зари от рассвета до заката от сессии до сессии

Для обозначения момента начала действия используется конструкция с предлогом **с** + **род. п.** слова, обозначающего временную единицу: *Я живу в России* **с сентября**. *Я занимаюсь русским языком* **с прошлого года**.

Для обозначения момента конца действия употребляется конструкция с предлогом **до** + **род. п.** слова, обозначающего единицу времени: *Занятия идут* **до трёх часов дня**. *Мы проговорили с попутчиком* **до позднего вечера**.

Если речь идёт обо всём промежутке времени, с момента начала действия до его конца, то в предложении используются оба предлога **с + род. п.** — **до + род. п.**: *Мы занимаемся в университете **с утра до вечера**. Библиотека работает **с девяти до шести**. Летом крестьяне работали в поле **от рассвета до заката**.*

Если границами временного интервала служат даты или названия месяцев, то вместо конструкции с предлогом **до + род. п.** может использоваться конструкция **по + вин. п.**: *Экскурсия по городам Золотого кольца будет проходить с двадцать девятого мая **по первое июня**. Центральное отопление отключают с апреля **по октябрь**.*

Для того чтобы подчеркнуть, что указанный в предложении временной интервал включает в себя и дату окончания действия, употребляется слово **включительно**: *Гастроли театра пройдут с восьмого февраля по двадцать первое февраля **включительно**. Подать заявление можно с января по март **включительно**.*

Для выражения начальной временной границы служит конструкция с предлогом **с + тв. п.** отглагольного существительного: ***С приходом весны** стало теплее. **С началом Нового года** выросли цены на продукты. **С открытием выставки** жизнь в городе оживилась.* Эти конструкции могут иметь дополнительное значение причины.

Конструкция с предлогом **с + тв. п.** слова, обозначающего временную единицу, указывает на постепенное изменение самого действия или субъекта: ***С каждым днём** становится теплее. **С каждым годом** ситуация в стране изменяется. **С каждым часом** температура повышается.*

В устойчивых словосочетаниях, где временные границы обозначаются при помощи существительных, не являющихся единицами времени, употребляется предлог **от + род. п.**: *Мы работаем **от зари до зари**. **От сессии до сессии** живут студенты весело!*

🖋 **Упражнение 34.** Слова из скобок употребите в правильной форме.

1. Снег идёт с (утро).
2. Чтобы стать хорошим музыкантом, надо заниматься музыкой с (детство).
3. До (начало концерта) осталось пять минут.
4. Мы были в университете до (три часа дня).
5. Серебряный век русского искусства продолжался до (двадцатые годы двадцатого века).

6. Брат сидит за компьютером от (рассвет) до (закат).

7. Великая Отечественная война шла с (22 июня 1941 года) до (9 мая 1945 года).

8. Зимние школьные каникулы продолжаются с (28 декабря) по (10 января) включительно.

9. Петуньи цветут с (май) по (октябрь) включительно.

Упражнение 35. Прочитайте и сравните пары предложений. Отметьте книжный характер предложно-падежной формы **по + вин. п.**

1. Ты читала объявление? С первого до пятого не будет горячей воды!	Объявление. В связи с ремонтом в доме № 12 с 1.07 по 5.07 будет отключена горячая вода.
2. —С какого и до какого у вас каникулы? —С 23 января до 7 февраля.	Зимние студенческие каникулы продолжаются с 23 января по 7 февраля.

Упражнение 36. Употребите нужные предлоги и поставьте слова из скобок в правильной форме.

1. Библиотека открыта (9—22).

2. Магазин закрывается на обед (2—3).

3. Учебный год продолжается (сентябрь — июнь).

4. Мы были на дискотеке (9—12).

5. Врач принимает (10—14).

6. Театр закрыт на ремонт (1 июля — 31 августа).

7. Летом люди работают в поле (заря — заря).

8. Жизнь учит нас (детство – старость).

9. Шахматный турнир будет проходить (12 апреля — 19 апреля).

Упражнение 37. Закончите предложения, указав время начала и окончания действия.

Если бы у меня была возможность, было время, были деньги ... ,
1) я бы путешествовал(а) ... .

2) я бы сидел(а) за компьютером … .

3) я бы слушал(а) музыку … .

4) я бы плавал(а) в бассейне … .

5) я бы установил(а) студенческие каникулы … .

6) я бы спал(а) … .

Упражнение 38. Ответьте на вопросы, используя конструкции с предлогами **с** и **до**, **с** и **по**:

1. Сколько времени вы делаете домашние задания по русскому языку?

2. Сколько времени вы обычно сидите в Интернете?

3. Сколько времени вы занимаетесь в спортивном зале?

4. Сколько времени продолжается семестр в вашем университете?

5. Сколько времени вы будете ещё учиться в своём университете?

6. Когда, по-вашему, самое весёлое и самое тяжёлое время для студентов?

7. Сколько времени продолжаются каникулы?

Упражнение 39. Позвоните и спросите о времени работы учреждений, которые встретятся вам в упражнении. Используйте в качестве опоры данные ниже вопросы:

1. Как работает магазин?

2. Когда открывается магазин?

3. Когда закрывается магазин?

4. Когда в магазине перерыв?

5. Когда открыт буфет?

6. С которого и до которого часа открыт киоск?

7. Как работает визовый отдел консульства?

8. Когда принимает врач?

9. До которого часа работает железнодорожная касса?

Упражнение 40. Разыграйте диалоги. Уточните время работы учреждений.

Образцы:

1. —Алло! Поликлиника? Скажите, пожалуйста, как принимает доктор Семёнова?

—По понедельникам, средам и пятницам. Утром, с девяти до часу.

—Спасибо.

2. —Алло, Сбербанк?

—Да, слушаю вас.

—Скажите, у вас есть перерыв?

—Нет, мы работаем без перерыва.

—А до которого часа вы работаете сегодня?

—Как всегда, до половины восьмого.

АПТЕКА
Часы работы:
8—20
Перерыв:
13—14

МУЗЕЙ
Открыт ежедневно,
кроме понедельника
Часы работы:
10—17

ХИМЧИСТКА
Режим работы
9—18
Выходной день —
воскресенье

ВЫСТАВКА
русского фарфора
Открыта с 13 до 18
ежедневно,
кроме вторника.

ТЕАТРАЛЬНАЯ КАССА

понед.   вт.
среда 14—16 чт. 12—14
пятн.

МАГАЗИН «ОБУВЬ»
Работает:
9–21
ежедневно, без перерыва

РЕКТОРАТ
приёмная
Часы приёма:
вторник 9–12
пятница 14–17

СБЕРБАНК РОССИИ
Центральное отделение

Режим работы: 8.30–19.30
Суббота: 8.30–18.00
Перерыв: 14.00–15.00
Воскресенье — выходной день

Упражнение 41. **А.** Прочитайте названия возрастных периодов жизни человека:

детство	молодость
отрочество (подростковый период)	средний возраст
юность	старость

Б. Скажите, сколько времени продолжается каждый период.

В. Ответьте на вопросы:

Какой возраст кажется вам лучшим?
Вам нравится ваш теперешний возраст?
Что вы думаете о старости?
Каковы, по-вашему, «плюсы» и «минусы» каждого возраста?

Упражнение 42. Разыграйте ситуации. Договариваясь о встрече, не забудьте уточнить время.

1. Вы приглашаете своего приятеля на выставку.

2. Вы предлагаете другим студентам навестить вашего сокурсника, который лежит в больнице.

3. Ваш друг приглашает вас сходить на праздник пива.

4. Ваша соседка предлагает вам посетить спа-салон.

5. Вы сообщаете своим друзьям, что Игорь переезжает на другую квартиру и что у него много вещей, и предлагаете им помочь ему.

Упражнение 43. Просмотрите рекламные сообщения и прокомментируйте, на каком теплоходе, куда, на сколько дней, с какого по какое число состоятся круизы. Какой из них вы бы выбрали?

Круиз: Москва — Валаам — Санкт-Петербург — Кижи — Москва

Лайнер: «Михаил Булгаков»
Страна: Россия
2 июня — 12 июня

Круиз по Волге
(Москва — Астрахань — Москва)

Лайнер: «Космонавт Гагарин»
Страна: Россия
2 августа — 16 августа

Круиз: Арктика и Северный Полюс
(Мурманск — Баренцево море — Северный ледовитый океан — Северный Полюс — Земля Франца Иосифа — Мурманск)

Лайнер: «50 лет Победы»
Страна: Россия
20 июля — 31 июля

Круиз «Вокруг Европы» (Рим — Копенгаген)
Лайнер: «Eurodam»
Страны: Италия, Испания, Гибралтар, Португалия, Англия, Франция, Бельгия, Дания
3 сентября — 20 сентября

Упражнение 44. Прочитайте текст. Расскажите, на какие части делил свой рабочий день академик Обручев. Как вы организуете своё время?

ТРИ ДНЯ
В ОДНОМ ДНЕ

Известный русский учёный-геолог, академик Владимир Афанасьевич Обручев рассказал, как он организует свой день: он делит его на три дня.

«Первый» день начинается рано утром, а кончается в полдень. Учёный обедает, отдыхает и начинает «второй» день, который длится до 6 часов вечера. «Третий» день продолжается от ужина до 12 часов ночи. Таким образом, в одном дне у Обручева было три дня, а в одном месяце — три месяца.

В «первый» день учёный делал самую трудную работу: писал научный труд, во «второй» день — более лёгкую: писал статьи, рецензии, письма. В «третий» день он читал и писал фантастические романы.

И в каждом дне у него были свои дела, прогулки, еда, отдых. Для каждого дня учёный имел специальный ящик, в котором хранил всё, что нужно для работы. В.А. Обручев считал, что главное — правильная организация своего времени.

(По М. Шагинян)

Упражнение 45. Расскажите, сколько времени надо учиться на каждой ступени образовательной системы в вашей стране, с детского сада и до университета.

Расскажите о себе, какие из этих ступеней вы уже преодолели, и с какого и до какого времени вы учились на каждом этапе.

Упражнение 46. Закончите предложения, выбрав правильный вариант.

1. Библиотека не будет работать ...
   а) пятое июня.
   б) по пятого июня.
   в) до пятого июня.

2. Мы поедем на дачу ...
   а) в выходные дни.
   б) в выходных днях.
   в) выходные дни.

3. ... мы проведём у родителей.
   а) В праздничные дни
   б) Праздничные дни
   в) В праздничных днях

4. Дедушка любит жить в деревне ...
   а) от лета до зимы.
   б) от лета по зиму.
   в) с лета до зимы.

5. Первый семестр продолжается ...
   а) с сентября по январь
   б) в сентябре до января
   в) от сентября до января

6. Каникулы начнутся ...
   а) со следующей недели.
   б) следующую неделю.
   в) в следующую неделю.

7. ... на деревьях распустятся листья.
   а) В скорое время
   б) В скором времени
   в) Со скорого времени

8. ... начались сильные морозы.
   а) С наступлением зимы
   б) С наступления зимы
   в) От наступления зимы

9. ... становится холоднее.
   а) С каждого дня
   б) С каждым днём
   в) С каждыми днями

10. Я занимаюсь фитнесом всю неделю, ...

а) с понедельника до пятницы.
б) с понедельника в пятницу
в) с понедельника на пятницу

РУССКАЯ ЗИМА

Зима в центральной части России — в Московской и соседних с ней областях — длится сто одиннадцать дней. Фенологи — специалисты, изучающие сезонные изменения в живой природе, — делят зимний сезон на три периода: первозимье, коренную зиму и перелом зимы.

Первозимье продолжается двадцать пять дней — с двадцать седьмого ноября по двадцать второе декабря. В этот период столбик термометра опускается ниже нуля градусов, на землю ложится устойчивый снежный покров, а реки покрываются льдом.

В декабре завершается год и начинается настоящая, коренная зима. В Подмосковье она продолжается пятьдесят пять дней — с двадцать второго декабря по пятнадцатое февраля. Это самое холодное время года: среднесуточная температура воздуха — минус десять градусов, в январе морозы могут достигать минус двадцати, а порой и тридцати градусов по Цельсию. Перелом зимы — последняя фаза зимнего сезона. В центральной России он продолжается в среднем тридцать один день — с пятнадцатого февраля по восемнадцатое марта. Его главная примета — увеличение долготы дня. Если в начале февраля световой день длится восемь часов тридцать восемь минут, то в конце — десять часов тридцать пять минут. С каждым днём растёт поток солнечной энергии. Это время часто называют «весной света». Перезимовали!

I. Ответьте на вопросы.

1. На какие периоды фенологи делят русскую зиму?
2. Как называются эти периоды, когда они начинаются, заканчиваются и как долго продолжаются?
3. Как изменяется зима с приближением весны?

II. Расскажите,

1) были ли вы когда-нибудь в России зимой? Какой зимний период вы видели? Какая в то время была погода?

2) что вы слышали от своих знакомых о русской зиме до вашей поездки в Россию?

III. Расскажите о вашем любимом времени года.

ОБОЗНАЧЕНИЕ ВРЕМЕНИ, ПО ПРОШЕСТВИИ КОТОРОГО ПРОИЗОЙДЁТ, НАЧНЁТСЯ ИЛИ ЗАКОНЧИТСЯ КАКОЕ-ЛИБО ДЕЙСТВИЕ

Когда? Через сколько времени?
через минуту   через два часа   через несколько лет
спустя минуту   спустя два часа   спустя несколько лет
после дополнительной минуты   после двух часов дня   после пяти лет учёбы
по прошествии минуты   по прошествии двух часов   по прошествии нескольких лет

Для обозначения времени, по прошествии которого произойдёт, начнётся или закончится другое действие, чаще используются конструкции с предлогами **через** + вин. п. и **после** + род. п.

Обратите внимание на разницу в употреблении предлогов **через** и **после**! Предлог **через** может быть только при словах, обозначающих единицу времени: *через год, через*

48

полторы недели. Предлог **после** используется, только если при словах, обозначающих единицу времени, есть определение. Сравните: *Через два дня мы нашли маленькое озеро. После двух дней поисков мы нашли маленькое озеро. Через два часа стемнело. После четырёх часов дня стемнело.*

Предлог **после** может также употребляться при словах, обозначающих события, процессы, учреждения: *после завтрака, после работы, после отдыха, после урока, после разговора, после прогулки, после поездки, после концерта, после университета, после школы, после больницы, после операции* и т.п.

В книжной речи могут использоваться предлоги **спустя** + **вин. п.** и **по прошествии** + **род. п.** *Спустя несколько лет после ухода со сцены актёр решил вернуться в театр. По прошествии нескольких лет работа по созданию вакцины продолжилась.* Предлог **спустя** употребляется, как правило, когда говорящий описывает события прошлого.

Упражнение 47. Сравните предложения. Подчеркните в них конструкции времени и объясните их значения.

1. Весь месяц шёл дождь.

Только через месяц стало наконец тепло и солнечно.

2. Три года она работала над своим романом.

Через три года она закончила свой роман.

3. Шесть часов мы ожидали в аэропорту лётной погоды.

И только после шести часов ожидания мы услышали объявление о нашем рейсе.

4. Десять лет они учились в школе.

После школы они поступили в университет.

5. Два года они общались по Интернету.

И только спустя два года они встретились.

6. В течение следующих двух недель президент будет в отпуске.

По прошествии двух недель он вернётся к своим обязанностям.

Упражнение 48. Прочитайте и сравните пары предложений. Обратите внимание, что предлог **по прошествии** придаёт высказыванию книжный характер и неуместен в разговорной речи.

1. В р а ч :
По прошествии трёх часов снова примите лекарство.

   М а т ь :
   Не забудь, пожалуйста, принять это лекарство через три часа, как сказал врач.

2. И н с т р у к ц и я :
Высадите семена в землю, поливайте умеренно и регулярно. По прошествии двух недель вынесите горшки с рассадой на свет.

   И з р а з г о в о р а :
   Мы посадили рассаду, и уже через две недели у нас появились первые росточки.

Упражнение 49. Сделайте вывод о времени действия (события) по образцу и составьте аналогичные диалоги.

О б р а з е ц :

—Сколько сейчас времени?
—Сейчас **двенадцать часов**.
—Когда начнётся концерт?
—**В два часа**.
—Значит, концерт начнётся **через два часа**.

1. Который час? — 4.20.
Когда начнётся футбол? — В 6.50.
...

2. Какое сегодня число? — ...
Когда будет праздник? — ...
...

3. Какой сегодня день недели? — ...
Когда приедут родители? — ...
...

4. Когда были прошлые выборы президента? — ...
   Когда будут следующие выборы? — ...
   ...

5. Сколько времени? — ...
   Когда отправляется наш поезд? — ...
   ...

6. Сколько лет твоему дедушке? — ...
   Когда будет его юбилей? — ...
   ...

> В предложениях с предлогами **через**, **после**, **спустя** используются глаголы совершенного вида, кроме тех случаев, когда говорится о регулярном, систематическом, повторяющемся действии (при этом нередко в таких предложениях есть слова **обычно**, **каждый** и т.п.): *Врач **приехал** через два часа. — Через <u>каждые</u> два часа в нашу комнату **заходила** медсестра.*

Упражнение 50. Употребите глагол нужного вида в правильной форме.

1. Мы ждали недолго: через три минуты автобус ... к остановке. Поезда метро ... к платформе каждые три минуты, а иногда и чаще.	подходить / подойти
2. Обычно я выхожу из дома полдевятого и через полчаса я ... в университет. Сегодня на дороге была большая авария, я вышел из дома полдевятого, но в университет ... только через час.	приходить / прийти
3. Эта газета ... регулярно через день. Следующий номер газеты ... через два дня из-за праздника.	выходить / выйти
4. Как правило, наши корреспонденты ... в командировки через каждые две недели. Наш специальный корреспондент ... в Санкт-Петербург на открытие выставки через два дня.	ездить / поехать

Упражнение 51. Прочитайте предложения. Объясните употребление предлогов **через** и **после**.

1. Я вернусь домой через три часа.

   Я вернусь домой после трёх часов дня.

2. Мы выехали из дома рано утром и через несколько часов приехали в деревню.

   Мы выехали из дома рано утром и после нескольких часов езды по плохой дороге наконец приехали в деревню.

3. Он пошёл в армию и вернулся домой через год совсем другим человеком.

   Он пошёл в армию и вернулся домой после года тяжёлой службы совсем другим человеком.

Упражнение 52. Употребите нужный предлог (**через** или **после**) со словами, стоящими в скобках.

1. ... (неделя) начнутся летние каникулы.
2. ... (эта тяжёлая неделя) нужно хорошо отдохнуть.
3. Давай встретимся здесь ... (два часа).
4. Декан будет сегодня только ... (два часа дня).
5. Сегодня ... (занятия) мы поедем на экскурсию по городу.
6. ... (пара минут) наш автобус отправится на экскурсию по городу.
7. Обычно ... (работа) мама заходит в магазин.
8. ... (несколько минут) ... (моё возвращение) все мои друзья собрались у меня дома.

Упражнение 53. Вставьте вместо точек словосочетания, обозначающие время, с предлогом **через** и **после**.

1. Однокурсники договорились встретиться ... .
2. Пора включить телевизор: ... начинается программа «Тем временем».
3. Мы отправимся в путешествие ... .
4. Она ответила на моё письмо ... .
5. Их отец вернулся из длительной командировки ... .
6. Наш урок закончится ... .

Упражнение 54. Скажите, чем могло закончиться каждое из этих действий. Закончите фразу, придумав несколько вариантов её второй части.

Образец:

Композитор писал оперу два года.

Через два года эту оперу поставил Большой театр.

После двух лет работы над оперой композитор начал писать симфонию.

1. Драматург работал над пьесой пять лет.
2. Модельер создавал новую коллекцию одежды два года.
3. Студенты были на курсах три месяца.
4. Рабочие начали забастовку неделю назад.
5. Предвыборная кампания началась в январе.
6. Я не был в родном городе три года.
7. Мы изучали грамматику русского языка два года.

Упражнение 55. Ответьте на вопросы, используя конструкции с предлогами **через** и **после**.

1. Когда будет перерыв?
2. Когда начнутся каникулы?
3. Когда вы планируете поехать на родину?
4. Вы собираетесь жениться (выйти замуж)? Когда?
5. Когда, на ваш взгляд, лучше всего завести семью?
6. Когда, по-вашему, человек становится хорошим специалистом?

 Упражнение 56. Решите задачи.

1. Семь рыбаков рыбачили на озере. Первый приходил на озеро каждый день, второй — через день, третий — через 2 дня, четвёртый — через 3 дня, пятый — через 4 дня, шестой — через 5 дней, а седьмой — через 6 дней. Сегодня все рыбаки собрались вместе. Через сколько дней 7 рыбаков снова соберутся все вместе на озере?

2. У бабушки было 4 курицы. Она заметила, что одна курица несёт яйца через день, вторая — на третий день, третья — каждый четвёртый день, а четвёртая — каждый седьмой. Однажды бабушка нашла в курятнике 4 яйца. Она обрадовалась и рассказала об этом соседке. Соседка сказала: «Дай Бог тебе поскорее снова получить 4 яйца!» Через сколько дней бабушка сможет снова найти в курятнике 4 яйца?

3. Три сестры, уже замужние, навещают своих родителей. Первая — через 2 дня, вторая — через 3 дня, а третья — через 5 дней. Через сколько дней все три сестры встречаются в родительском доме?

 Упражнение 57. Закончите предложения, выбрав правильный вариант.

1. Через ... бабушка почувствовала себя лучше.
   - а) два месяца отдыха
   - б) два месяца
   - в) двух месяцев

2. После ... путешественники устали и остановились на отдых.
   - а) два дня
   - б) два дня похода
   - в) двух дней похода

3. Через ... наши партнёры изменили своё решение.
   - а) пять минут
   - б) пять минут обсуждения
   - в) пяти минут обсуждения

4. После ... мы пришли к единому мнению.
   - а) пять часов
   - б) пять часов обсуждения
   - в) пяти часов обсуждения

5. Обычно первокурсники занимаются в библиотеке ...
   - а) с четырёх до шести часов вечера.
   - б) от четырёх до шести часов вечера.
   - в) с четырёх по шесть часов вечера.

6. Родители любят жить на даче ...

    а) от весны до зимы.
    б) с весны по зиму.
    в) с весны до зимы.

7. Магазин закрыт на ремонт ...

    а) с пятнадцатого октября по двадцатое октября включительно.
    б) от пятнадцатого октября до двадцатого октября включительно.
    в) от пятнадцатого октября по двадцатое октября включительно.

8. Перед экзаменом я сидел над учебниками ...

    а) от зари до зари.
    б) с зари до зари.
    в) от зари по зарю.

9. ... реформы в стране начали работать.

    а) По прошествии несколько лет
    б) По прошествии нескольких лет
    в) По прошествию нескольких лет

10. Через каждые два часа работы за компьютером необходимо ...

    а) отдыхать.
    б) отдохнуть.

ПРОИСХОЖДЕНИЕ КАЛЕНДАРЯ

Необходимость измерения времени появилась в глубокой древности.

Чтобы регулировать сельскохозяйственные работы, надо было знать, через сколько времени наступают периоды дождей, повышается уровень воды в реках. Чтобы двигаться в незнакомой местности, необходимо было находить дорогу. Поэтому люди искали в природе постоянные знаки, которые могли бы им указать, когда начинать работу в поле, когда отправляться в путешествие.

Но как измерить время? Что принять за его единицу? Сначала считали время от восхода солнца до заката. Первой естественной единицей измерения времени стали сутки. Сутки стали делить на двенадцать частей. Так через много лет появились часы, а потом и минуты.

В течение многих тысячелетий люди ломали голову над тем, как согласовать между собой сутки, месяцы и годы в единой хронологии, в результате чего на свет появились лунные и солнечные календари.

Создателями лунного календаря считаются древние шумеры — жители Двуречья. Год в их календаре, состоявшем из двенадцати «лун», продолжался 354 дня. Начало каждого месяца совпадало с новолунием, поэтому нечётные месяцы года содержали 29 суток, а чётные — 30 суток.

Первые солнечные календари были созданы в четвёртом тысячелетии до нашей эры в Древнем Египте. Многовековые наблюдения позволили египетским жрецам связать ежегодные разливы Нила с появлением утренней звезды Сириус. Год в солнечном календаре состоял из двенадцати месяцев, в каждом из которых было по тридцать дней. В году было сначала триста шестьдесят суток, а затем триста шестьдесят пять.

Только спустя много веков, после завоевания Египта римлянами в двадцать шестом году до нашей эры, здесь была проведена календарная реформа с добавлением шестого дня один раз в четыре года.

Сейчас почти все народы мира пользуются солнечным календарём, который достался нам от древних римлян, но первыми создателями которого были премудрые египтяне.

(По статье И.А. Климишина
«Заметки о нашем календаре»)

I. Найдите в тексте ответы на следующие вопросы.

1. В связи с чем уже в глубокой древности возникла необходимость измерять время?
2. Что стало первой единицей измерения времени? И почему?
3. Почему первым календарём был лунный? Кто был его создателем? Сколько месяцев было в этом календаре?
4. Что нового внесли в создание календарей древние египтяне?
5. В чём состояла календарная реформа, проведённая в Древнем Риме?

II. Ответьте на вопросы.

1. В каком контексте упоминается четвёртое тысячелетие до нашей эры?
2. Почему людям потребовалось так много времени, чтобы создать современный календарь?
3. Что такое время, по-вашему? Какое качество времени вы считаете самым важным?

В русский язык вошло слово, тесно связанное с Сириусом и названием созвездия Большого Пса. В Древнем Египте Сириус назывался Анибус, что значит «звезда пса». Это название перешло позднее к древним римлянам. Они называли эту звезду «Stella canicula» или просто «Canicula». Утреннее появление Каникулы совпадало с наступлением самого жаркого времени года. Тогда прекращались работы, приостанавливалась торговля, дети не ходили в школу — наступал период отдыха. Из латинского языка это слово перешло в русский и стало обозначать перерыв в учебных занятиях не только летом, но и в другое время года.

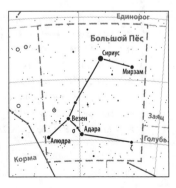

ОБОЗНАЧЕНИЕ СРОКА ДЕЙСТВИЯ И ВРЕМЕНИ, НЕОБХОДИМОГО ДЛЯ ДОСТИЖЕНИЯ РЕЗУЛЬТАТА ДЕЙСТВИЯ

За сколько времени? За какое время?
за три часа пятнадцать минут за два дня за три недели за двести лет
за этот период времени за весь прошлый квартал за всю историю человечества за всё существование Земли
в один миг в одно мгновение в мгновение ока в секунду в одну минуту в два дня

Для обозначения срока действия и времени, необходимого для достижения результата действия, используется конструкция **за** + **вин. п.**: *За одну минуту спортсмен пробежал 150 метров. Мы доехали до центра за полчаса*.

Конструкция с предлогом **в** + **вин. п.**, в отличие от конструкции с предлогом **за** + **вин. п.**, указывает на быстрое достижение результата: *Мы в один миг доехали на лифте до десятого этажа*.

Конструкции типа **за** *всю историю человечества*, *за весь вечер*, *за всё это время* чаще всего стоят в начале предложения: *За всю историю человечества никто так и не разгадал тайну пирамид. За весь вечер он только один раз посмотрел на меня. За всё это время мы два раза побывали в Третьяковской галерее*.

В предложениях с конструкциями **за** + **вин. п.** и **в** + **вин. п.** употребляются глаголы совершенного вида, кроме тех случаев, когда речь идёт о повторяющемся, регулярном действии: *Я доехал до университета на такси за десять минут. — Обычно мы доезжаем до университета за двадцать минут. Надеюсь, ты выспался за десять часов? — Я высыпаюсь как правило за восемь часов.*

Не соотносительные по виду глаголы несовершенного вида, такие как **работать**, **заниматься**, **спать**, **гулять**, **слушать**, **мечтать**, **быть**, не употребляются в предложениях с конструкциями **за + вин. п.** и **в + вин. п.**, так как они не могут указывать на достижение результата.

Упражнение 58. Сравните предложения. Объясните разницу в значении конструкций времени. Обратите внимание на виды глагола.

1. Студенты **выполняли** домашнюю работу *два часа.*

   Они **выполнили** домашнюю работу *за два часа.*

2. Учёный **писал** диссертацию *три года.*

   Он **написал** диссертацию *за три года.*

3. Режиссёр **снимал** фильм примерно *год.*

   Он **снял** фильм примерно *за год.*

4. Я **читал** роман «Мастер и Маргарита» *две ночи.*

   Я **прочитал** роман *за две ночи.*

5. Дети **отдыхали** в зимнем лагере *десять дней.*

   За десять дней они хорошо **отдохнули.**

Упражнение 59. Объясните употребление конструкции **в + вин. п.** в следующих предложениях:

1. В одну минуту мальчик сбегал туда и обратно.
2. Человек, который шёл впереди меня, вдруг исчез в одно мгновение.
3. В три дня мы решили все вопросы.
4. Дом сгорел в десять минут.
5. В два дня доллар вырос на пятнадцать процентов.

Упражнение 60. Дополните диалоги вопросными репликами.

1. —... ?
   —Я доезжаю до работы за 40–50 минут.

2. —... ?
   —От дома до вокзала можно доехать за полчаса.

3. —... ?
   —Мы подготовились к экзаменам за пять дней.

4. —... ?
   —Говорят, китайский язык можно выучить за два года.

5. —... ?
   —Дети научились кататься на коньках за две недели.

6. —... ?
   —Я научился играть на гитаре за полгода.

7. —... ?
   —Можно научиться работать на компьютере за несколько дней.

Упражнение 61. Что, по-вашему, могло бы произойти или не произойти за эти промежутки времени? Закончите предложения. Объясните употребление видов глагола.

1. За весь вечер ... .
2. За всю неделю ... .
3. За весь месяц ... .
4. За все каникулы ... .
5. За всю зиму ... .
6. За все годы учёбы в школе ... .
7. За всю совместную жизнь ... .
8. За всю историю России ... .
9. За всю историю человечества ... .

Упражнение 62. Употребите глагол нужного вида в правильной форме.

1. Обычно от Москвы до Ярославля поезд ... за три с половиной часа, а вчера мы ... за пять часов.	доходить / доезжать
2. Сегодня она ... за десять минут, а иногда она ... до университета за четверть часа.	доходить / дойти
3. Такие задачи мой брат обычно ... за полчаса, а я, наверное, смогу ... эту задачу за час, не меньше.	решать / решить
4. Как правило, я ... свою комнату минут пятнадцать, а сегодня я ... её за два часа — у меня был ужасный беспорядок после вечеринки!	убирать / убрать
5. Вчера я ... всё домашнее задание за сорок минут. Обычно я ... такое задание полтора часа.	делать / сделать
6. Как правило, спортсмены ... к соревнованиям несколько месяцев, а к чемпионату России они ... за месяц.	готовиться / подготовиться
7. Такую серьёзную работу мы ... обычно несколько недель, но в этот раз мы ... всё за неделю.	выполнять / выполнить

Упражнение 63. Измените предложения так, чтобы в них можно было использовать конструкцию времени с предлогом **за**. Обратите внимание на вид глаголов.

Образец:

Мы **ремонтировали** квартиру **два месяца**.
Мы **отремонтировали** квартиру **за два месяца**.

1. Новый храм Христа Спасителя строили три года.
2. Мы шли до водопада полтора часа.

3. Я разгадывал кроссворд полчаса.

4. Эту статью я искал в Интернете двадцать минут.

5. Художник рисовал портрет своего внука с двух до пяти часов.

6. Костя делал уроки с четырёх до шести часов вечера.

7. Мы сядем в поезд в Москве в двенадцать часов ночи и приедем в Петербург часов в семь утра.

Упражнение 64. Прочитайте заголовки из спортивных газет. Как вы думаете, о чём может идти речь в этих статьях?

Образец:

«Сенсация! 6 пенальти в одном матче!» — Я думаю, что в этой статье говорится, что за один матч было сыграно 6 пенальти. Это очень необычный матч!

ВОКРУГ СВЕТА НА ЯХТЕ

Самая быстрая победа на Уимблдоне

Богатый улов
спортсмена-рыболова

Наш спортсмен ставит мировой рекорд
в беге на короткую дистанцию

Чемпионат НХЛ:
победа на последних секундах!

Рекорд на скорость погружения — в книге Гиннесса!

БАСКЕТБОЛ:
всё решают последние
два броска

Формула-1: рекорд трассы в Монако

Упражнение 65. Ответьте на вопросы, используя подсказку.

1. Сколько времени строили это здание? За какое время построили это здание? За сколько времени обычно строят такие дома?	полтора года
2. Вы долго работали над этим портретом? За сколько времени вы написали этот портрет? За какое время вы обычно пишете портрет?	два с половиной — три месяца
3. Сколько времени режиссёр ставил этот спектакль? За какое время он поставил этот спектакль? За сколько времени он, как правило, ставит спектакль?	полгода
4. За сколько времени ваши партнёры подготовили новый договор? Сколько времени они готовили его? За какое время обычно готовятся такие договоры?	полторы недели
5. За какое время ты обычно доезжаешь до нас? За сколько времени ты доехал до нас сегодня? Ты долго ехал до нас?	четверть часа
6. За сколько времени вы выполнили это упражнение? Сколько времени вы выполняли его? За какое время вы обычно выполняете упражнение?	пара минут

Упражнение 66. Употребите предлоги **за** или **через**, где это необходимо.

1. Я не был дома ... пять лет. ... эти пять лет наш город очень изменился. Когда ... пять лет я вернулся домой, я с трудом узнал свой город.

2. Студенты серьёзно занимались русским языком ... три месяца. ... три месяца они могли свободно говорить по-русски, значит, ... эти три месяца они научились многому.

3. Один мой знакомый был в Польше ... семь дней. ... семь дней он вернулся и рассказал нам, как много интересного он увидел там ... семь дней.

4. Он ... два часа рассказывал нам о Варшаве. ... два часа он рассказал нам о поездке и показал видеофильм. ... два часа нам всем захотелось поехать в Варшаву.

5. ... несколько часов моя подруга бегала по магазинам. ... несколько часов она успела купить всё, что хотела. ... несколько часов она, ужасно усталая, вернулась домой.

6. Саша просидел за компьютером ... восемь часов подряд. ... восемь часов он сделал всё, что хотел сделать ... целую неделю. ... восемь часов он закончил работу и не подходил к компьютеру ... всю следующую неделю.

Упражнение 67. Как вы думаете, изменилась ли жизнь в вашей стране за последние годы? Если изменилась, то в лучшую или в худшую сторону? Какие изменения произошли в стране? Расскажите об этом.

ЭЗОП И ПУТНИК

Однажды Эзоп шёл по дороге и встретил человека.

— Далеко идти до ближайшей деревни? — спросил человек.

— Иди, — сказал ему Эзоп.

— Я и сам знаю, что мне нужно идти, но скажи мне, когда я приду на место?

— Иди, — опять сказал ему Эзоп.

— Наверное, это сумасшедший, — подумал путник и пошёл дальше.

Через несколько минут Эзоп крикнул ему:

—Ты дойдёшь за два часа!

—Почему ты сразу не ответил на мой вопрос? — удивился путник.

—Потому что я не знал, как ты ходишь.

 ☞ Упражнение 68. Для любителей подумать. Решите задачи.

1. В корзине лежит одно яйцо. Каждую минуту количество яиц в корзине удваивается. Через час корзина наполнилась. А за сколько времени корзина наполнится только наполовину?

2. Если 2 кошки за 2 часа ловят двух мышек, то сколько мышек поймают 4 кошки за 4 часа?

 ☞ Упражнение 69. Закончите предложения, выбрав правильный вариант.

1. До деревни нужно ехать ...
    а) полтора часа.
    б) за полтора часа.
    в) через полтора часа.

2. Новый дворец спорта построили ...
    а) за три года.
    б) три года.
    в) через три года.

3. ... наш город очень изменился.
    а) Последние десять лет
    б) Через последние десять лет
    в) За последние десять лет

4. Мы гуляли по лесу ... и собирали грибы.
    а) весь день
    б) за весь день
    в) всего день

5. Думаю, что такой тест я выполню ...
    а) всего пять минут.
    б) за пять минут.
    в) пять минут.

6. Лыжник … десять километров за полчаса.

    а) пробегал
    б) пробежал
    в) бежал

7. Детям нужно спать …

    а) за восемь часов.
    б) в восемь часов.
    в) восемь часов.

8. … , по-вашему, можно изучить китайский язык?

    а) Сколько времени
    б) Как долго
    в) За сколько времени

9. Эту работу вы должны сделать …

    а) 45 минут.
    б) за 45 минут.
    в) в 45 минут.

10. Мы готовились к этой конференции …

    а) за полгода.
    б) через полгода.
    в) полгода.

ДРЕВНЕРИМСКИЙ КАЛЕНДАРЬ

История не сохранила точных сведений о времени рождения римского календаря. Известно только, что ещё в начале восьмого века до нашей эры римляне пользовались календарём, в котором год состоял из десяти месяцев и содержал всего триста четыре дня. Оставшийся период они не делили на месяцы, а просто ждали прихода весны, чтобы опять начать счёт по месяцам.

Первым месяцем был март, названный в честь бога войны Марса. Дальше шёл апрель (от латинского "aperire" — «раскрывать», так как в этом месяце раскрывались почки на деревьях). Третий месяц — май — был посвящён богине Майе. Четвёртый в честь богини Юноны, покровительницы женщин, был назван июнем. Последующие месяцы обозначали числа, порядок при счёте, некоторые сохранили эти значения до наших дней: сентябрь (седьмой), октябрь (восьмой), ноябрь (девятый), декабрь (десятый).

За всю историю своего существования древнеримский календарь пережил много реформ.

В седьмом веке до нашей эры был введён лунный год в триста пятьдесят пять дней с добавлением двух новых месяцев: января (в честь двуликого бога Януса, который мог одновременно видеть прошлое и предвидеть будущее) и февраля, который был посвящён богу подземного царства Фебруусу.

В пятом веке до нашей эры для согласования счёта времени по Луне и по Солнцу через каждый год стали вставлять дополнительный месяц.

Наиболее серьёзные изменения в древнеримском календаре произошли во время правления Гая Юлия Цезаря: в основу его системы лёг солнечный год продолжительностью в 365 и через каждые четыре года — в 366 суток. Так родился на свет юлианский календарь.

(По статье И.А. Климишина
«Заметки о нашем календаре»)

I. Ответьте на вопросы.

1. Каковы недостатки древнеримского календаря?
2. Как называются месяцы в вашем родном языке, и с чем связаны их названия?

II. Найдите в тексте конструкции времени с предлогом **за** + **вин. п.**

III. В связи с чем в тексте упоминается:

VIII век до нашей эры;

VII век до нашей эры;

V век до нашей эры;

46 год до нашей эры?

 Слово «календарь» происходит от латинского слова «calendarium», которое означает «долговая книга» и в свою очередь образовано от слова «calendae». Так называбыл первый день месяца в Древнем Риме. В этот день должники обязаны были платить проценты по своим долгам. Позднее «календарём» стали называть таблицу с перечнем всех дней в году. Создание календаря, так же как создание письменности и счёта, является величайшим достижением человеческого разума.

ОБОЗНАЧЕНИЕ СРОКА, В ТЕЧЕНИЕ КОТОРОГО СОХРАНЯЕТСЯ РЕЗУЛЬТАТ ДЕЙСТВИЯ

На сколько времени? На какой срок? На какое время?
приезжать / приехать на четыре месяца
давать / дать книгу на два дня
опаздывать / опоздать на полчаса
оставлять / оставить ребёнка на пять минут
сдавать / сдать багаж в камеру хранения на сутки
ложиться / лечь на час отдохнуть
ставить / поставить суп в микроволновую печь на три минуты
убирать / убрать рыбу в морозильную камеру на час
задерживаться / задержаться на день
присесть на минутку

Конструкция с предлогом **на** + **вин. п.** используется для обозначения срока, в течение которого сохраняется результат действия.

Само действие обычно не называется, но из контекста понятно, какое это действие. Оно начинается и продолжается сразу после предыдущего действия, названного в предложении. Например, *Он приехал к нам на 5 дней*. Это значит, что он приехал сюда и будет находиться здесь ещё 5 дней. Мать *отвела ребёнка в детский сад на 3 часа*. Это значит, что ребёнок будет в детском саду 3 часа.

В предложениях с конструкцией **на** + **вин. п.** часто употребляются глаголы движения с префиксами.

68

Упражнение 70. Прочитайте предложения и сравните их. Объясните употребление конструкций времени в этих предложениях.

1. Иностранные студенты будут изучать русский язык на курсах **три месяца**.

   Они приехали в наш университет **на три месяца**.

2. Мы были в библиотеке **полдня**.

   Мы ходили в библиотеку **на полдня**.

3. Ивана Петровича выбрали председателем комитета **на три года**.

   Три года Иван Петрович будет председателем комитета.

4. Туристы отдыхали у реки **полтора часа**.

   Они остановились отдохнуть у реки **на полтора часа**.

5. Подруга забежала ко мне **на минутку**.

   Она была у меня **одну минуту**.

6. **Рождественские каникулы** я провёл у тёти.

   Я ездил к тёте **на рождественские каникулы**.

Упражнение 71. Ответьте на вопросы, используя нужные конструкции времени.

1. Сколько дней ты провёл у родителей? На сколько дней ты ездил к родителям в последний раз?

2. Сколько времени вы провели в России? На сколько времени вы приезжали в Россию в прошлом году?

3. Сколько времени вчера вас не было дома? На сколько времени вы уходили из дома?

4. Сколько времени окно было открыто? На какое время вы открывали окно?

5. Сколько времени вы обычно проводите на работе? На сколько времени вы ежедневно уходите на работу?

6. Сколько времени шеф будет в командировке? На сколько времени он уедет в командировку?

Упражнение 72. Прочитайте и сравните пары предложений. Отметьте, что существительное **пара** в сочетании со словами, обозначающими единицы времени, придаёт высказыванию разговорный характер и уместно только в разговорной речи.

1. —Ты собираешься в отпуск?
—Да, хочу поехать на пару недель на море.

Прошу предоставить мне очередной отпуск на две недели.

2. —Говорят, Нина Ивановна ездила на конференцию?
—Да, ездила, на пару дней в Казань, в университет.

Н.И. Серова командируется в Казанский университет сроком на два дня (двое суток).

Упражнение 73. Вставьте вместо пропусков предлог **на**, где это необходимо.

1. Летом мы провели ... две недели у моря. Давай ездить каждый год на море ... две недели!

2. Каждый день я провожу ... пару часов в библиотеке. Вот и сейчас я собираюсь ... пару часов в библиотеку.

3. Каждые каникулы мы гостим у бабушки в деревне ... целый месяц. Этим летом мы обязательно поедем в гости к бабушке ... целый месяц.

4. Олег был ... месяц в археологической экспедиции. В следующем году он поедет в археологическую экспедицию ... три месяца.

5. Нам с вами нужно поговорить ... минут десять. Не зайдёте ли вы ко мне минут ... десять?

6. Он зашёл в Интернет ... четверть часа, а просидел у компьютера не ... четверть часа, а ... целых три часа.

Упражнение 74. Употребите предлоги **на** или **через** и объясните свой выбор.

1. —Отца нет дома. Он уехал в командировку ... неделю. Позвоните ... неделю.

70

2. —Можно оставить у вас эту собаку ... пятнадцать минут? Не беспокойтесь, ... пятнадцать минут я приду за ней.

3. Космонавты полетели на орбитальную станцию ... месяц. ... месяц они вернутся на землю с новыми результатами исследований.

4. —Если положить деньги на счёт в банке ... год, что с ними будет ... год? — Это зависит от банка.

5. Моя любимая оперная певица уехала на стажировку в Италию в театр Ла Скала ... полтора года. Надеюсь, что ... полтора года она вернётся в Большой театр.

6. —Бабушку положили в больницу ... три недели. Врач говорит, что ... три недели её выпишут из больницы.

Упражнение 75. Соедините два предложения в одно, используя конструкцию времени **на + вин. п.**

О б р а з е ц:

Во время каникул студенты поедут на озеро Байкал. Они будут там **одну неделю.**

Во время каникул студенты поедут на озеро Байкал **на одну неделю.**

1. В конце этой недели вся наша семья поедет на дачу. Мы будем отдыхать там все выходные.

2. Дедушка опять собирается на рыбалку в деревню. Он пробудет там всю неделю.

3. Наш драматический театр едет на гастроли в Чехию. Спектакли нашего театра будут идти там целый месяц.

4. Суд состоялся, и преступника посадили в тюрьму. Там он проведёт пять лет.

5. Ты можешь взять этот видеофильм. Если хочешь, можешь держать его у себя два дня.

6. Если захочешь позавтракать, положи бутерброды в микроволновую печь. Разогревать их нужно только одну минуту.

Упражнение 76. Ответьте на вопросы. Обращайте внимание на виды глагола.

1. На сколько времени вы сдали свой дом в аренду? На сколько времени люди обычно сдают своё жильё?
2. На какое время ваши друзья сняли квартиру? На какой срок студенты обычно снимают жильё в вашей стране?
3. На сколько времени ваш приятель взял кредит в банке? На какой срок люди обычно берут кредит в банке?
4. На какой срок студенты приехали на стажировку в Россию? На какое время студенты обычно приезжают на стажировку?
5. На сколько времени вы отдали свои часы в ремонт? На какой срок люди обычно отдают часы в ремонт?

Упражнение 77. Дополните диалоги вопросами.

1. —... ?
  —Мы поедем на Кипр на две недели.

2. —... ?
  —Декан улетел в командировку на пять дней.

3. —... ?
  —Студенты уехали на практику на месяц.

4. —... ?
  —В этой библиотеке дают книги на 10 дней.

5. —... ?
  —Театр закрыли на ремонт на полтора года.

6. — ... ?
  —Программа курса рассчитана на 100 часов аудиторных занятий.

> В предложениях с конструкцией **на + вин. п.** могут использоваться глаголы совершенного и несовершенного вида.
> Совершенный вид глагола движения прошедшего времени с префиксом указывает на законченное однократное действие: *К нам **приехал** на неделю наш родственник из Минска.* Глагол **приехал** указывает на то, что

наш родственник сейчас у нас и он будет здесь неделю. Несовершенный вид приставочного глагола движения прошедшего времени указывает на однократное действие «туда и обратно»: *К нам **приезжал** на неделю наш родственник из Минска*. Глагол **приезжал** указывает на то, что родственник был здесь и уехал через неделю, и сейчас его здесь нет.

Упражнение 78. Опишите ситуацию, используя конструкцию с предлогом **на** + **вин. п.** и соответствующий вид и форму глагола движения.

Образец:

Директора не было пять минут, но сейчас он снова здесь. — Директор **выходил** на пять минут. Директора сейчас нет и не будет пять минут. — Директор **вышел** на пять минут.	выходить / выйти

1. Мамин брат был у нас месяц, но сейчас он уехал.
   Мамин брат сейчас у нас в гостях. Он будет здесь целый месяц — приезжать / приехать

2. Её муж больше не живёт с ней.
   Её муж не жил некоторое время с ней, но сейчас он вернулся. — уходить / уйти

3. Моя школьная подруга, которая сейчас живёт в Америке, была в России неделю.
   Моя школьная подруга сейчас снова в России. Она будет здесь неделю. — прилетать / прилететь

4. Художник брал эту картину из нашего музея и демонстрировал её на выставке в Германии всю осень.
   Художник взял эту картину из нашего музея, чтобы демонстрировать её на выставке в Германии. Она будет там всю осень. — увозить / увезти

5. Наш сосед со своей собакой был сегодня у меня минут десять. Наш сосед оставил свою собаку у меня. Она сейчас здесь и будет у меня минут десять.	приводить / привести
6. Твой однокурсник был у нас недолго, когда тебя не было. Он хотел оставить какой-то журнал, но не оставил. Твой однокурсник был у нас недолго. Он оставил тебе какой-то журнал. Вот он.	заходить / зайти; приносить / принести

Упражнение 79. Как сказать иначе? Измените предложения, используя в них конструкции времени с предлогами **на** и **за**.

Образец:

Чтобы написать эту книгу, писателю нужно было работать **три года**. — Писатель написал эту книгу **за три года**.

Учёный был в экспедиции в Африке **три года**, сейчас он вернулся. — Учёный ездил в экспедицию в Африку **на три года**.

1. Этот известный певец был здесь в прошлом году недолго, только два дня. Потом он уехал.

2. Мы были в Эрмитаже три часа. Конечно, мы не успели увидеть все экспозиции.

3. Извините, директора нет. Подождите пять минут, он сейчас придёт.

4. Спектакль начался в 7 часов, а мы пришли в театр в 7.05.

5. Брату нужно было всего пятнадцать минут, чтобы решить эту трудную задачу, а мне нужно было для этого целых три часа.

6. У нас был тест. Нам нужно было сорок пять минут, чтобы выполнить его. И мы успели.

7. Группа немецких студентов была у нас в университете только пять дней.

8. Нам хватило пяти дней, чтобы показать гостям все самые интересные места нашего города.

ОБОЗНАЧЕНИЕ ВРЕМЕНИ ПЛАНИРУЕМОГО ДЕЙСТВИЯ

> *На какое время? На какой срок? На какой день?*
> *На какую дату? На какой час?*

переносить / перенести на другой день
бронировать / забронировать номер на завтра
покупать / купить билет на пятое мая
назначать / назначить (встречу) на два часа
заводить / завести будильник на 6 часов утра
заказывать / заказать такси на 7 часов вечера

Временная конструкция **на** + **вин. п.** может указывать на время, в которое произошло или произойдёт планируемое действие. *Он завёл будильник **на шесть часов**.* Это значит, что будильник прозвенит в шесть часов. *Она купила билет **на субботу**.* Это значит, что её поездка (поход в театр) состоится в субботу.

Упражнение 80. Ответьте на вопросы, используя конструкции с предлогом **на**.

Образец:

Вам нужно быть в университете в 8.30 утра. **На какое время** вам нужно завести будильник? — Нужно завести будильник **на 7 часов утра**.

1. Ваш поезд отправляется в 00.09 ночи. На какое время лучше заказать такси?

2. Вы должны быть в Санкт-Петербурге два дня, второго и третьего октября. На какие даты вам нужно купить билеты на поезд туда и обратно?

3. Вы хотите жить в гостинице всю следующую неделю. На какой срок вам нужно забронировать номер в гостинице?

4. Вам надо поужинать с подругой в ресторане в субботу вечером. На какое время вы закажете столик?

5. Завтра вы должны пойти на приём к стоматологу, но завтра в то же самое время вам нужно быть на собрании. На какой срок вы перенесёте визит к стоматологу?

Упражнение 81. Дополните диалоги вопросами.

1. —... ?
— Консультация назначена на вторник, на 11 часов.

2. —... ?
— Гости приглашены на воскресенье, на шесть часов.

3. —... ?
— Такси заказано на пять часов.

4. —... ?
— Встречу одноклассников перенесли на следующую субботу.

5. —... ?
— Нам надо забронировать билеты туда на 25 июня, обратно — на 3 августа.

6. —... ?
— Обсуждение диссертации отложили на следующую среду.

Упражнение 82. Вставьте вместо пропусков нужные предлоги.

1. Ему нужно встать ... шесть часов утра. Он завёл будильник ... шесть часов утра.

2. Нам необходимо быть в аэропорту ... десять часов утра. Мы заказали такси ... девять часов утра.

3. Ты должна быть в Риге ... седьмого мая? Тебе нужно купить билет ... шестое мая.

4. Он будет в командировке ... два дня? Ему надо забронировать номер в гостинице ... два дня.

5. Ей необходимо встретиться с коллегами ... понедельник. Ей необходимо назначить встречу с коллегами ... понедельник.

6. Вам хочется отметить это событие в ресторане вечером ... воскресенье? Вы должны заказать столик в ресторане ... воскресенье, часов ... шесть.

7. Этот вопрос нельзя решить сейчас. Решение этого вопроса следует отложить ... следующую неделю.

76

8. Наши коллеги не могут участвовать в конференции … этом месяце. Придётся перенести конференцию … следующий месяц.

Упражнение 83. Посмотрите на билеты и скажите, куда, на что и на какое время эти билеты.

Образец:

ДОМ КИНО
п р е м ь е р а
художественный фильм
«СЁСТРЫ»

Начало сеанса: 20.30

Это билет в Дом кино на премьеру фильма «Сёстры» на сегодня, на полдевятого вечера.

Театр «Новая опера»
«РИГОЛЕТТО»

17 ноября
Начало в 19 часов

Железнодорожный билет

Поезд № 4
Москва — Санкт-Петербург
вагон 7, место 21
отправление 29 июля, 23.55

ПРИГЛАСИТЕЛЬНЫЙ
БИЛЕТ
О т к р ы т и е   в ы с т а в к и
«Мебель нового века»
12 марта с.г. в 15 часов

МУЗЕЙ-КВАРТИРА
А.С. ПУШКИНА
Экскурсионное
обслуживание

Начало экскурсии:
10 января с.г.
16 часов

Утренний
спектакль

3 января
Начало: 12 часов

ЦИРК

ПРИГЛАШЕНИЕ

29 апреля состоится ВЕЧЕР, посвящённый 70-летию филологического факультета

Начало в 18 часов

Упражнение 84. Вы очень занятой человек. Объясните, что значат следующие записи в вашем ежедневнике:

ДАТА	ЧТО СДЕЛАТЬ Март
12 марта и 19 марта	Купить билет на самолёт Москва — Варшава
12 марта, 7.15	Заказать такси на утро
13 марта — 19 марта	Забронировать номер в гостинице «Висла»
14 марта, 9.00	Назначить встречу с директором варшавского филиала
16 марта, 11.00	Перенести переговоры с заказчиком
	Апрель
12 апреля	Отложить поездку в дом отдыха

Упражнение 85. Определите, на какое время одно событие опередило другое или, наоборот, произошло позже.

О б р а з е ц:

Собрание начинается в пять часов. Вы пришли в 5.10, а директор пришёл в 4.45.

Это значит, что вы опоздали на собрание **на десять минут**. Директор пришёл на собрание **на пятнадцать минут раньше**.

Мама родилась в 1975 году, а отец — в 1971.

Значит, мама родилась **на четыре года позднее** отца. Мама **на четыре года моложе** отца, а отец **на четыре года старше** матери.

1. Поезд отправляется в 12.19. Вы приехали на вокзал в 12.10, а ваш друг приехал в 12.20.
2. Концерт начинается в 18.30. Ваша подруга пришла в концертный зал в 18.25, а вы — в 18.35.

3. Урок начинается в 9.30. Вы вбежали в класс в 9.29, а учитель вошёл в класс в 9.31.
4. Ваш коллега приехал в Москву 29 апреля, а вы уехали из Москвы 22 апреля. Встретились ли вы с ним в Москве?
5. Ваш брат родился в 1987 году, а вы родились в 1992 году.
6. Пушкин родился в 1799 году, а Байрон — в 1788.
7. Москва была основана в 1147 году, а Ярославль — в 1010.

На сколько (времени)?	Сколько времени (как долго?)	За сколько (времени)?	Через сколько времени (когда)?
Я взял книгу на неделю.	Я буду читать её неделю.	Я прочитаю её за неделю.	Я верну тебе книгу через неделю.

ПРОГРАММА «ПОЛИГЛОТ»

На следующей неделе на телеканале «Культура» вновь стартует программа «Полиглот». На этот раз это будут уроки немецкого языка. Программа рассчитана на 16 часов занятий — четыре часа в неделю, с понедельника по четверг. Урок продолжается час — с 18:30 до 19:30.

Автор и ведущий программы считает, что за 16 часов можно «органично воспринять иностранный язык и усвоить его структуру». Он уверен, что через четыре недели его ученики будут говорить по-немецки. Первое занятие назначено на 17 февраля.

Упражнение 86. Выберите подходящую конструкцию времени и вставьте её вместо пропусков в нужной форме: **два месяца, неделя, четыре часа, минута, два часа, полчаса.**

1. Симфонический оркестр поехал на гастроли в Европу … . Музыканты дали много концертов … . … они вернулись домой.
2. Мой коллега ушёл на обед с работы … . Он обедал … . Он пообедал … . Он вернулся на работу … .

3. Отец лёг отдохнуть ... . Он отдыхал ... . Он сказал, что он хорошо отдохнул ... .

4. Приятель одолжил у меня денег ... . он вернул мне деньги. Я истратил все деньги ...

5. Погода была нелётная, и наш рейс отложили ... . мы сидели в аэропорту. ... по радио объявили наш рейс. ... наш самолёт взлетел.

6. Я оставил без присмотра свою собаку ... . Только ... я отошёл в сторону посмотреть расписание. Когда я вернулся ... , собаки не было.

Упражнение 87. Вставьте вместо пропуска нужный предлог (**в**, **на**, **за** или **через**), где это необходимо.

1. Мы будем заниматься на курсах ... ещё месяц, а ... месяц мы поедем домой.

2. Наши соседи ездили в дом отдыха ... две недели, а ... две недели они уже были дома.

3. Мой друг написал свой рассказ ... неделю. Он обещал дать мне почитать свой рассказ ... неделю. Я мечтаю об этом уже ... неделю. ... неделю я увидел его рассказ в журнале.

4. Тест был простой, и мы подготовились к нему ... пять дней. Мы успели повторить всю грамматику ... пять дней. Правда, ... пять дней мы не гуляли и не отдыхали. Но ... пять дней мы устроили грандиозный праздник.

5. Виктор попросил у меня словарь ... час. Он обещал вернуть его ... час. Но ... час он не успел перевести статью. Он переводил её ... часа три.

6. Обычно я уезжаю в отпуск ... месяц. В этом году мне не удалось съездить в отпуск ... месяц. Я был в отпуске только ... пару недель. ... пару недель я вернулся. Ничего, я успел отдохнуть и ... пару недель.

7. Супруга президента приехала в Сибирь ... несколько дней. ... несколько дней она побывала во многих городах Сибири, встретилась со многими людьми, посетила детские больни-

цы. ... несколько дней телевидение показывало репортажи о её пребывании в Сибири. ... несколько дней она вернулась в столицу.

Упражнение 88. Ответьте на вопросы, используя изученные конструкции времени.

1. Сколько времени вы обычно тратите на дорогу в университет? За сколько времени вы доехали до университета сегодня? На сколько времени вы ходите в читальный зал?

2. Когда вы взяли эту книгу в библиотеке? Сколько времени вы обычно читаете книгу? За сколько времени вы думаете прочитать эту книгу? На какой срок в библиотеке дают книги? Когда вы вернёте книгу в библиотеку?

3. Сколько времени вы обычно работаете над тестом? За какой срок нужно выполнить тест? На какое время даётся тест? Через какое время вам нужно сдать работу преподавателю?

4. Когда вы вернулись из поездки? Сколько времени вы путешествовали? За сколько времени вы добрались до дома? На какой срок вы обычно уезжаете в отпуск? Когда вы снова собираетесь в поездку?

5. Когда бабушку положили в больницу? На какой срок её положили? За какое время, по мнению врачей, она должна поправиться? Сколько времени ей нужно провести в больнице? Через сколько времени бабушка вернётся домой?

Упражнение 89. Решите задачи.

1. По улице шла девочка. Навстречу ей шёл старичок. Он сказал ей: «Добрый день, маленькая девочка!» — «Добрый день, — сказала девочка, — но я не маленькая». — «Сколько же тебе лет?» — спросил старичок. — «Сосчитайте! Я в два раза младше мамы, а мама на пять лет младше папы. Вместе всем нам сто лет». Сколько лет девочке?

2. Мои часы опаздывают на десять минут, но я уверен, что они спешат на пять минут. Часы моего друга Вани спешат на пять минут, но он думает, что они опаздывают на десять минут. Мы с Ваней договорились поехать за город на поезде, который отправляется в 16.00. Кто из нас придёт на вокзал первым?

 Упражнение 90. Закончите предложения, выбрав правильный вариант.

А. 1. Он переводил эту статью ...
   2. Я перевёл эту статью ...
   3. Давай встретимся ...

   а) за два часа.
   б) два часа.
   в) в два часа.

Б. 1. Мой друг уезжал в Африку ...
   2. Мы встретились только ...
   3. Мы не видели друг друга ...

   а) год.
   б) на год.
   в) через год.

В. 1. Космонавты были в экспедиции ...
   2. Они вернулись ...
   3. Скоро они снова поедут в экспедицию ...

   а) через полгода.
   б) на полгода.
   в) полгода.

Г. 1. Дети пошли гулять ...
   2. Они гуляли в парке ...
   3. Они пришли обедать ...

   а) три часа.
   б) через три часа.
   в) в три часа.

Д. 1. Поезд опоздал ...
   2. Я ждал свой поезд ...
   3. Я доехал до дачи ...

   а) за полчаса.
   б) на полчаса.
   в) полчаса.

Е. 1. Он сомневался только ...
   2. Он добежал до дома ...
   3. Он закрыл глаза ...

   а) в одну минуту.
   б) на одну минуту.
   в) одну минуту.

Ж. 1. Брат приехал домой ...
   2. Мы ждали его звонка ...
   3. Он решил все свои проблемы ...

   а) за неделю.
   б) на неделю.
   в) целую неделю.

ЮЛИАНСКИЙ И ГРИГОРИАНСКИЙ КАЛЕНДАРИ

В сорок шестом году до нашей эры к власти в Риме (как окажется потом, всего на два года) пришёл Гай Юлий Цезарь. Он решил навести порядок в календаре и упростить счёт времени. Цезарь побывал в Египте, познакомился там с особенностями солнечного календаря, сам написал несколько трактатов по астрономии.

В основу нового календаря было положено годовое вращение Земли вокруг Солнца. В трёх годах установили по триста шестьдесят пять дней, а в четвёртом — високосном — триста шестьдесят шесть. Во всех нечётных месяцах стало по тридцати одному дню, а в чётных — по тридцати. Новый календарь стал называться юлианским — по имени Юлия Цезаря.

Юлианский календарь не был идеально точным. Год в нём на одиннадцать с лишним минут длиннее, чем в действительности, поэтому в шестнадцатом веке снова встал вопрос о реформе календаря.

Для разработки нового календаря папа римский Григорий Тринадцатый создал специальную комиссию, в которую вошли учёные и религиозные деятели. Комиссия исправила ошибку юлианского календаря, передвинув даты на десять дней вперёд.

Новая календарная система получила название «нового стиля», а календарь стал называться григорианским по имени папы. Первыми на «новый стиль» перешли католические страны, а затем и все остальные. Григорианский календарь стал международным, так как для внешних связей необходим единый для всех государств счёт времени.

(По статье И.А. Климишина
«Заметки о нашем календаре»)

Найдите в тексте ответы на вопросы.

1. Какие изменения были внесены в календарь при Гае Юлии Цезаре?

2. Почему встал вопрос о реформе юлианского календаря?
3. Почему новый календарь стал называться григорианским?
4. По какому календарю живут в настоящее время все страны мира?

ОБОЗНАЧЕНИЕ ВРЕМЕНИ ПРЕДШЕСТВОВАНИЯ

Когда? До какого времени? До чего? Перед чем? Накануне чего?
до поездки до школы перед поездкой перед уроком накануне праздника под утро

Временная конструкция с предлогом **до** + **род. п.** указывает на то, что одно действие происходит / происходило раньше другого: *До поездки в Россию он не говорил по-русски*.

Конструкция с предлогом **перед** + **тв. п.** обозначает, что одно действие происходит / происходило непосредственно перед самым началом другого действия. *Перед поездкой в Россию он купил тёплую одежду*.

Чтобы подчеркнуть близость событий во времени, в конструкции с предлогом **перед** используется слово **самый**: *Перед самым отъездом в Россию* он продал свою машину.

Слово **самый** в конструкции **до** + **род. п.** обозначает момент конца действия: *Мы не спали всю ночь до самого утра*.

Для обозначения времени предшествования также используются конструкции с предлогами **накануне** + **род. п.**, **под** + **вин. п.**: *Накануне праздника* все студенты разъехались по домам. *Мы вернулись домой только под утро*. Конструкция с предлогом **накануне** носит книжный оттенок. Конструкция с **под** + **вин. п.** употребляется только со словами **утро**, **вечер**, **Рождество**, **Новый год**.

Упражнение 91. Прочитайте. Объясните употребление конструкций времени.

1. **До поездки** в Россию он не говорил по-русски.

Перед поездкой в Россию он выучил несколько русских слов.

2. **До школы** их дети ходили в детский сад.

Перед школой родители купили им учебники, тетради, ручки и карандаши.

3. Их семья жила **до войны** в Грозном.

Перед войной они переехали в Ростов-на-Дону.

4. **До операции** он чувствовал себя хорошо.

Перед операцией он почувствовал боли в сердце.

Упражнение 92. Дополните предложения подходящими конструкциями времени.

1. ... они не были знакомы. ... он купил букет роз.	До этой встречи Перед этой встречей
2. ... я мало знала об этом городе. ... я купила путеводитель по городу.	До поездки Перед поездкой
3. ... он начал волноваться. ... он был абсолютно спокоен.	Перед экзаменом До экзамена
4. ... родители научили свою дочь читать. ... они купили ей ноутбук.	До школы Перед школой
5. Мы гуляли по городу всю ночь ... . звёзды начали гаснуть.	перед рассветом До рассвета

Упражнение 93. Прочитайте. Сравните пары предложений. Какое значение имеет временная конструкция с предлогом **до + род. п.** в каждом из этих предложений? Вставьте, где это возможно, слово **самый**.

1. Мы сидели у костра до рассвета.

Я проснулся сегодня до рассвета.

2. Этой зимой снега не было до Рождества.

Бабушка приезжала к нам до Рождества.

3. До революции их семья жила в России.

Многие здания на этой улице построили ещё до революции.

4. До конца фильма я не знала, кто убийца.

Моя подруга ушла из зала до окончания фильма.

5. Он написал свою книгу до перестройки.

До перестройки в Советском Союзе многие книги не издавались.

6. До окончания университета он не знал, где будет работать.

Он женился ещё до окончания университета.

Упражнение 94. Вставьте слово **самый**, где это возможно. Объясните значение и использование временных конструкций в этих предложениях.

1. До … замужества у неё была другая фамилия.
2. Перед … выборами кандидат неожиданно снял свою кандидатуру.
3. До … холодов они обычно жили на даче.
4. До … рождения ребёнка они не знали, кто родится: мальчик или девочка.
5. Он сдал все экзамены ещё до … сессии.
6. Брат сообщил мне о своей свадьбе перед … отъездом.
7. Родители купили этот дом перед … нашей свадьбой.
8. Их сын женился рано, ещё до … армии.

В предложениях с конструкциями **перед** + **тв. п.** и **до** + **род. п.** («раньше») используется совершенный вид глагола, если речь не идёт о повторяющемся действии: *Он пришёл **перед обедом**. Она сдала все экзамены **до июня**.* Если конструкция **до** + **род. п.** имеет значение момента конца действия, то употребляется несовершенный вид глагола: *Она сдавала экзамены **до самого лета**.*

☝ Упражнение 95. Вставьте вместо пропуска глагол нужного вида. Объясните свой выбор.

1. Брат ... до самого Нового года. Он ... перед самым Новым годом.	болеть / заболеть
2. Я ... эту статью только перед самой пресс-конференцией. Я ... эту статью до самой пресс-конференции.	читать / прочитать
3. Мы ... этот текст до самого звонка. Мы ... этот текст как раз перед самым экзаменом.	переводить / перевести
4. Она ... квартиру перед самым моим приходом. Она ... квартиру до самого моего прихода.	убирать / убрать
5. Он ... нам о своей поездке до самого утра. Он ... нам о том, что случилось, только перед самой смертью.	рассказывать / рассказать
6. Ольга ... письма от него до самого развода. Она ... последнее письмо перед самым разводом.	получать / получить

☝ Упражнение 96. Вставьте в предложения слова из скобок, употребив их с предлогом **до** или **перед**.

1. ... (развод родителей) мы все вместе жили на Урале.
2. ... (смерть) бабушка рассказала мне тайну нашей семьи.
3. ... (это печальное событие) отец никогда раньше не ходил в церковь.
4. ... (первый прыжок с парашютом) он закрыл глаза.
5. ... (та ужасная авария) ему приснился страшный сон.
6. ... (экскурсия по Золотому кольцу) я мало знал о старых русских городах.

Упражнение 97. Ответьте на вопросы, используя конструкции времени с предлогами **до** и **перед**. Где возможно, употребите слово **самый**.

Образец:

Когда вы были в театре последний раз? — Я был в театре **до сессии**. Я был в театре **перед самым праздником**.

1. Когда вы познакомились друг с другом?
2. Долго ли вы собираетесь оставаться здесь?
3. Когда вы были в музее?
4. Когда вам нужно сдать реферат?
5. Когда у вас будет следующий экзамен?
6. Когда студентам необходим хороший отдых?

Упражнение 98. Составьте предложения, используя предлоги **под** и **накануне** с подходящими словами из списка. С какими из этих слов нельзя употреблять эти предлоги?

Новый год, воскресенье, отъезд, утро, праздник, Рождество, день рождения, Пасха, экзамен, вечер, свадьба, весна, выборы Президента, встреча, конкурс, переговоры.

Упражнение 99. Прочитайте предложения. Познакомьтесь с некоторыми ограничениями, связанными с возрастом, которые действуют в российском законодательстве в настоящее время. Скажите, какие из подобных ограничений есть в вашей стране?

1. Запрещается продавать алкогольные напитки и сигареты лицам до восемнадцати лет.
2. На службу в армию молодые люди не могут быть призваны до восемнадцати лет.
3. До восемнадцати лет вы не можете получить водительские права.
4. Молодёжь до восемнадцати лет не может участвовать в выборах в органы государственной власти.
5. Подростки до четырнадцати лет не могут получить паспорт.
6. Детям до шестнадцати лет не рекомендуется смотреть некоторые фильмы.

Упражнение 100. Прочитайте вопросы. Дайте рекомендации другим студентам, употребив временные конструкции с предлогами **до** и **перед**, **накануне**.

1. Как успешно сдать экзамен?
2. Как познакомиться с девушкой, которая вам нравится?
3. Как избежать гриппа во время эпидемии?
4. Как организовать свой бизнес в России?

 Эта игра называется **«Крестики-нолики»**. Играли ли вы когда-нибудь в эту игру? Ваша задача — вставить правильные предлоги в предложения, находящиеся либо в трёх горизонтальных, либо в вертикальных, либо в диагональных клеточках, и сделать это надо раньше, чем это сделает ваш партнёр. Вы ставите «крестики», партнёр — «нолики». Итак, «крестики» начинают. Выбирайте клеточку и вставляйте предлог, если он нужен.

А.

Она всегда приезжает к нам ... два дня.	Он перевёл статью ... тридцать минут.	Каникулы начнутся ... три недели.
Мы изучаем русский язык уже ... два года.	Спортсмен пробежал дистанцию ... полторы минуты.	Его посадили в тюрьму ... пять лет.
Он не говорил по-английски ... школы.	Она опять опоздала сегодня ... десять минут.	Мы летели над океаном ... восемь часов.

Б. Теперь усложним задание. Играя в «Крестики-нолики», составьте предложения с предлогами, входящими в конструкции времени.

ЗА	НА	ЧЕРЕЗ
ПЕРЕД	(без предлога)	ДО
ДО	ЗА	ПЕРЕД

 ☞ *Упражнение 101.* Закончите предложения, выбрав правильный вариант.

1. Эту гостиницу построили ...

    а) на три месяца.
    б) три месяца.
    в) три месяца назад.

2. Он спал ...

    а) за восемь часов.
    б) до восьми часов.
    в) через восемь часов.

3. Она пришла только ...

    а) под утро.
    б) до утра.
    в) перед утром.

4. Ты опоздал, звонок был ...

    а) через пять минут.
    б) пять минут назад.
    в) за пять минут.

5. Мы ничего не знали об этом музее ...

а) до экскурсии.
б) на экскурсию.
в) после экскурсии.

6. Он проснулся ...

а) до самого моего прихода.
б) перед самым моим приходом.
в) накануне моего прихода.

7. Мы приехали сюда ещё ...

а) до самого Нового года.
б) до Нового года.
в) после Нового года.

8. Они приехали на вокзал ...

а) до четверти часа.
б) четверть часа назад.
в) четверть часа.

9. Каникулы начнутся ...

а) за месяц.
б) на месяц.
в) через месяц.

10. Дети прибежали домой ...

а) до самого ужина.
б) перед самым ужином.
в) за ужином.

ИСТОРИЯ РУССКОГО КАЛЕНДАРЯ

Неизвестно, где и когда появился в Древней Руси первый календарь. До десятого века новый год на Руси начинался с новолуния в дни, близкие к весеннему равноденствию. В 988 году Древняя Русь приняла христианство, а вместе с этим и юлианский календарь. Год состоял из двенадцати месяцев, названия которых были связаны с явлениями природы: февраль — лютень, апрель — цветень, май — травень, август — серпень, октябрь — листопад, декабрь — студень. Начало года приходилось на первое марта. Позднее Новый год на Руси стали отмечать первого сентября.

Новую реформу календаря провёл царь Пётр Первый. Он объявил, что новый тысяча семисотый год начнётся первого января и что одновременно с этим начнётся новый век. Накануне Нового года царь приказал украсить дома еловыми ветками.

В связи с реформой Петра был напечатан первый календарь, в котором отмечались солнечные затмения, фазы Луны, время восхода и захода солнца, долгота дня и ночи. Чтобы все жители Москвы жили по одному и тому же времени, Пётр приказал в разных местах города построить башни с часами.

Россия продолжала жить по юлианскому календарю до 1918 года, а большинство европейских государств уже с конца семнадцатого века перешло на григорианский. Из-за несоответствия календарей в международных отношениях России возникали трудности, так как разница между юлианским и григорианским календарями составляла тринадцать суток.

Только после революции, в 1918 году, в России был введён григорианский календарь. Русская православная церковь так и не приняла новый стиль. Кроме русской, по юлианскому календарю живут сейчас только иерусалимская и сербская православные церкви.

I. Ответьте на вопросы.

1. По какому календарю живёт современная Россия?
2. По какому календарю живёт ваша страна?
3. Почему Рождество отмечается в России 7 января, а не 25 декабря?
4. Возможен ли переход Русской православной церкви на григорианский календарь?

II. Закончите предложения.

1. До десятого века новый год на Руси ... .
2. В 988 году Древняя Русь ... .
3. Накануне Нового года в Москве ... .
4. До 1918 года Россия ... .
5. После революции, в 1918 году, в России ... .

Почему неделя состоит из семи дней? Ещё древние астрономы заметили, что каждая фаза Луны длится примерно семь суток. Поэтому лунный месяц разделили на четыре части, каждая по семь дней.

В Европе дни получили названия небесных тел: суббота была названа днём Сатурна, понедельник — днём Луны, вторник — днём Марса, среда — днём Меркурия, четверг — днём Юпитера, пятница — днём Венеры, а воскресенье — днём Солнца. Некоторые из этих названий сохранились в европейских языках до наших дней.

В русском языке и других славянских языках названия дней недели связаны с их порядковыми номерами и некоторыми обычаями. Название «воскресенье» в русском языке произошло от слова «воскреснуть». Слово «воскресение» стало употребляться в русском языке только с шестнадцатого века. Раньше воскресенье называли неделей, то есть днём, в который не работали — «не делали». Понедельник — значит, первый день после «недели», вторник — второй день, среда — средний, четверг — четвёртый, пятница — пятый. Название субботы происходит от древнееврейского слова «шаббот», что значит «отдых», «покой».

ОБОЗНАЧЕНИЕ СРОКА, РАЗДЕЛЯЮЩЕГО ДЕЙСТВИЯ

Когда? *За сколько (времени) до чего?*	Когда? *Через сколько (времени) после чего?*
за пять минут до звонка за два года до этого события	через пять минут после звонка через два года после этого события

Когда? На сколько (времени) раньше кого / чего?	Когда? На сколько (времени) позднее (позже) кого / чего?
на пять минут раньше, чем я	на пять минут позднее, чем я
на пять минут раньше меня	на пять минут позднее меня
пятью минутами раньше меня	пятью минутами позднее меня
на два года раньше, чем мы	на два года позднее, чем мы
на два года раньше нас	на два года позже нас
двумя годами раньше нас	двумя годами позже нас

Когда? Сколько времени (тому) назад?
два часа назад
два года тому назад
двести лет тому назад

В отличие от временной конструкции с предлогом **до** + **род. п.**, которая обозначает неопределённое время предшествования действия, формула **за** + **вин. п.** + **до** + **род. п.** указывает, какой именно отрезок времени разделяет действия: *Мы пришли на вокзал **за пять минут до** отправления поезда.* (Мы пришли на вокзал, прошло пять минут, и поезд отправился.)

Временная конструкция **задолго до** + **род. п.** обозначает, что события отделены друг от друга значительным, но неопределённым промежутком времени, а конструкция **незадолго до** + **род. п.** указывает на непродолжительность этого промежутка. *Они познакомились **задолго до** своей свадьбы. Их дочь родилась **незадолго до** начала войны.*

Для обозначения срока, отделяющего одно действие от другого, используется конструкция **через** + **вин. п.** + **после** + **род. п.**: *Мы пришли на вокзал **через пять минут после** отправления поезда.* (Поезд отправился, прошло пять минут, и мы пришли на вокзал.)

Упражнение 102. Замените конструкции времени антонимичными.

Образец:

Скандал произошёл **за неделю до выборов**. —
Скандал произошёл **через неделю после выборов**.

1. Мой сосед приехал за день до моего возвращения в общежитие.

2. Через неделю после Рождества я получил много поздравительных открыток от своих друзей.

3. Мы прибежали на вокзал за три минуты до отхода поезда.

4. Этот режиссёр снял свой первый фильм через год после войны.

5. Она вспомнила о его дне рождения за день до этого события.

6. Их семья уехала из России через четыре года после начала перестройки.

Упражнение 103. Вставьте вместо пропусков подходящие по смыслу предлоги: **за ... до** или **через ... после**.

1. Мы вместе вышли из дома, но мой одноклассник пришёл на урок ... пять минут ... звонка, а я опоздал и пришёл ... минуту ... звонка.

2. Обычно я встаю ... десять минут ... сигнала будильника, но в университет я всё-таки прихожу ... несколько минут ... начала занятий.

3. Мы опоздали и пришли в театр ... десять минут ... начала спектакля, а настоящие театралы приходят в театр минимум ... пятнадцать минут ... начала.

4. Мы приехали на вокзал ... две минуты ... отправления поезда и увидели его последний вагон.

5. ... месяц ... окончания университета он уехал из Москвы.

6. Автор написал это произведение ... год ... смерти, а ... несколько лет ... его смерти эта книга стала бестселлером.

Упражнение 104. Из двух предложений составьте одно, используя временные конструкции **за ... до** или **через ... после**.

Образец:

Репетиция закончилась. Через полчаса начался концерт. — **Через полчаса после репетиции** начался концерт.
Репетиция закончилась **за полчаса до концерта**.

1. Мой брат закончил школу. Через четыре года он поступил в университет.

2. Он окончил университет. Через шесть лет он защитил диссертацию.

3. Их свадьба была в 2010 году. Через год у них родился сын.

4. Их сын родился в 2011 году. Через три года после этого они расстались.

5. Его поездка в Россию была незабываемой. Через два года он написал об этом книгу.

Значение срока, разделяющего действия, имеют также конструкции **на** + **вин. п.** + **раньше** и **на** + **вин. п.** + **позднее** (**позже**): *Они приехали сюда **на два дня раньше**, чем мы. Мы приехали сюда **на два дня позже**, чем они.*

Сравнительная степень наречий **раньше**, **позднее** (**позже**), **старше** и **моложе** (**младше**) предполагает сравнение действий во времени, при котором может использоваться союз **чем** + **им. п.** или **род. п.** существительного (местоимения) без союза **чем**: *Он поступил в университет **на год раньше**, чем я. Он поступил в университет **на год позже меня**. Она пришла домой **на час раньше**, чем ты. Она пришла домой **на час раньше тебя**. Отец **на пять лет старше**, чем мама. Мама **на пять лет моложе отца**.*

Временная конструкция **вин. п.** + (**тому**) **назад** обозначает время предшествования действия и показывает, какой срок отделяет действие в прошлом от настоящего момента: *Он родился **двести семьдесят пять лет тому назад**. Мы приехали сюда только **два дня назад**.*

☞ *Упражнение 105.* Вставьте вместо пропусков одну из конструкций времени, обозначающую срок, разделяющий действия: **на … раньше (позднее)**, **вин. п.** + (**тому**) **назад**, **за … до** или **через … после**.

1. Этой весной весь снег стаял … две недели раньше, чем обычно.

2. Спектакль начался … четверть часа позднее обычного.

3. Из-за большого снегопада поезд остановился … двадцать минут … отправления.

4. Мой брат-близнец моложе меня, потому что я родился … полчаса … него.

5. Христианство появилось более двух тысяч лет ... .

6. Наша команда пришла к финишу ... несколько секунд раньше соперников.

7. Говорят, что мальчики начинают говорить ... полгода позже, чем девочки.

Упражнение 106. Измените предложения, используя временную конструкцию **вин. п. + (тому) назад**.

Образец:

Сегодня пятница. Мы приехали в воскресенье. —
Значит, мы приехали **пять дней (тому) назад**.

1. Сегодня среда. Сессия началась в понедельник.
2. Сегодня ... . Мы были в театре в субботу.
3. Сейчас 10.15. Урок начался ровно в десять.
4. Сейчас ... . Урок начался ... .
5. Сегодня 28 апреля. Мы приехали сюда 1 апреля.
6. Сегодня ... . Мы приехали ... .
7. Сейчас ... год. Пушкин родился в 1799 году.
8. Сейчас ... год. Перестройка в России началась в 1986 году.
9. Сейчас ... год. Петербург начали строить в 1703 году.
10. Сейчас XXI век. Россия приняла христианство в X веке.

Упражнение 107. Измените субъекты действия в предложениях по образцу и замените конструкцию времени **на + вин. п. раньше (позднее)** на конструкцию **на раньше (позднее) + род. п.**

Образец:

Мой брат прибежал к финишу на две секунды раньше, чем я. —
Я прибежал к финишу **на две секунды позднее моего брата**.

1. Наш дедушка вышел на пенсию на три года раньше, чем бабушка.
2. Моя сестра поступила в университет на год позднее, чем я.
3. Их сосед обычно возвращается домой на полчаса раньше, чем они.

4. Ваши дети вернулись домой из школы на целый час позднее, чем наши.

5. Олег и Ольга прилетели в Москву на полтора часа раньше, чем Лена и Лёша.

Упражнение 108. Закончите предложения, используя подходящую временную формулу: **за ... до, через ... после, на ... раньше (позднее)** или **вин. п. + (тому) назад.**

1. Я всегда прихожу в университет ... .
2. Каждый день я встаю ... (будильник).
3. Мой любимый писатель родился ... .
4. Она проснулась ... .
5. Мы сфотографировали их ... .
6. Он приехал на вокзал ... .
7. Самолёт взлетел ... .
8. Брат не застал меня дома, потому что он пришёл ... .

Упражнение 109. Составьте предложения со следующими временными конструкциями.

1. Через неделю после приезда ... .
2. За год до смерти ... .
3. ... только на одну секунду позднее.
4. За минуту до аварии ... .
5. ... много лет тому назад.
6. Через три дня после начала семестра ... .
7. ... на несколько минут раньше.
8. Через пару минут после звонка ... .
9. За секунду до выстрела ... .
10. Первый раз он пришёл на свидание ... .

Упражнение 110. Ответьте на вопросы, используя формулы времени.

1. За сколько времени необходимо подать заявление на получение визы в Россию?

2. За сколько времени до отлёта нужно зарегистрироваться в аэропорту?

3. За сколько времени до отправления поезда лучше приехать на вокзал?

4. За сколько времени в вашей стране принято приглашать человека в гости?

5. Когда нужно прийти в гости, если вечеринка назначена, например, на шесть часов?

6. Когда лучше всего уйти из гостей?

7. Через сколько времени нужно послать открытку с благодарностью за хорошо проведённый вечер в гостях?

8. Через сколько времени после получения письма надо ответить на него?

9. Когда вы посылаете поздравительные открытки на Рождество своим друзьям?

Упражнение 111. Дополните диалоги вопросами.

1. —... ?
—Я прихожу на занятия за десять минут до звонка.

2. —... ?
—Это лекарство надо принимать за полчаса до еды.

3. —... ?
—Все анализы нужно сделать за три дня до операции.

4. —... ?
—Двери зрительного зала закрывают через пять минут после третьего звонка.

5. —... ?
—Брат нашёл работу только через год после окончания университета.

6. —... ?
—Касса открывается за час до начала спектакля.

Упражнение 112. Разыграйте ситуации.

Образец:

Ваш друг уезжает на несколько недель в Лондон и обещает вам позвонить. Договоритесь с ним (с ней) о времени звонка.

—Я обязательно скоро позвоню тебе.

—Когда?

—**Через пару дней после моего приезда** в Лондон.

—Хорошо, буду ждать.

1. Вы пришли в театральную кассу, чтобы купить билеты на спектакль, но, к сожалению, билетов на этот спектакль уже нет. Ваши друзья советуют вам купить билет с рук в день спектакля.

2. Вы договорились со своим другом встретиться на вокзале до отправления поезда, но, не дождавшись друга, перед самым отходом поезда вошли в свой вагон и увидели его там. Уточните время вашей встречи и узнайте, когда он пришёл на вокзал.

3. Вы вернулись домой и узнали, что кто-то приходил к вам недавно. Расспросите, кто это был и когда приходил.

4. Ваш друг попал в больницу. Ему предстоит операция. Спросите доктора, когда вы сможете навестить своего друга, когда он сможет вставать после операции и когда его выпишут домой.

5. Вы встретили своего друга, с которым расстались сразу после школы. В его жизни произошли некоторые изменения. Узнайте, какие и когда.

6. Вы не смогли пойти на футбольный матч, а ваш друг был там. Расспросите его, как проходила игра.

Упражнение 113. Ответьте на вопросы.

1. Какой год был двадцать лет назад?

2. Какие важные события произошли тогда в мире, в вашей стране, в вашей семье?

3. Сравните тот год с нынешним. Что изменилось в жизни людей в мире, в вашей стране и в вашей семье?

4. Как вы думаете, какие события произойдут через двадцать лет в мире, в вашей стране, в вашей семье?

Упражнение 114. Расспросите своих друзей по группе и узнайте:

1) кто из них моложе или старше вас на один месяц;
2) кто двумя годами моложе или старше вас;
3) чей день рождения будет через месяц;
4) кто пошёл в школу раньше вас и на сколько;
5) кто встаёт утром раньше вас и на сколько;
6) кто встаёт в выходные дни позднее вас и на сколько;
7) кто ложится спать раньше вас и на сколько;
8) кто пришёл сегодня на занятия раньше вас и на сколько.

 Упражнение 115. Закончите предложения, выбрав правильный вариант.

1. Мы опоздали на поезд, потому что пришли на вокзал ...

   а) за десять минут до его отправления.
   б) через десять минут до его отправления.
   в) через десять минут после его отправления.

2. Мой отец родился ...

   а) за два года после войны.
   б) через два года после войны.
   в) через два года до войны.

3. Каникулы начнутся ...

   а) через день до праздника.
   б) через день после праздника.
   в) за день после праздника.

4. Обычно студенты приходят в университет ...

   а) за пять минут после начала лекции.
   б) за пять минут до начала лекции.
   в) через пять минут после начала лекции.

5. Брат пошёл в школу ...

   а) двумя годами позже сестры.
   б) двумя годами назад.
   в) два года позже сестры.

6. Санкт-Петербург был основан ...

а) пятью с половиной веками раньше Москвы.

б) пятью с половиной веками позднее Москвы.

в) за пять с половиной веков после Москвы.

7. Мы вошли в зал ...

а) через минуту до начала спектакля.

б) за минуту до начала спектакля.

в) минутой раньше спектакля.

8. Регистрация на самолёт в аэропорту заканчивается ...

а) через 40 минут после вылета.

б) за 40 минут до вылета.

в) через 40 минут до вылета.

9. Муж и жена развелись ...

а) за два года до свадьбы.

б) за два года после свадьбы.

в) через два года после свадьбы.

10. Старый Новый год отмечается ...

а) за две недели до Нового года.

б) через две недели до Нового года.

в) через две недели после Нового года.

СТАРЫЙ НОВЫЙ ГОД

Когда иностранцы впервые слышат, что в России отмечают старый Новый год, они ничего не понимают. Как это старый, если он Новый? Но каждому русскому известна традиция отмечать праздник, который приходит через тринадцать дней после наступления Нового года. Откуда взялась такая традиция?

Известно, что до 1918 года Россия жила по старому стилю, используя юлианский календарь. Новый год в России по старому стилю отмечался 1 января, но это приходилось на 14 января нового стиля. С введением в России в 1918 году григорианского календаря начало Нового года стало праздноваться первого января по новому стилю, как и в других странах.

Но могла ли «загадочная русская душа» забыть тот день календаря, который веками казался волшебным, таинственным, сказочным! Сам старый стиль будил воспоминания детства, юности. Уже давно нет тех людей, кто помнил переход на новый стиль, но и в век Интернета их потомки не забывают отметить этот день, пусть не так пышно, как «новый» Новый год, но зато так душевно!

В ночь с тринадцатого на четырнадцатое января приглашаются друзья, за праздничным столом зажигаются свечи, за пять минут до старого Нового года открывается бутылка шампанского, с боем курантов загадываются желания — и праздник пошёл! Конечно, до прихода старого Нового года никто не снимает украшений с ёлки и не выбрасывает её, чаще всего с ней расстаются уже после Крещения, которое отмечается 19 января.

Старый Новый год всегда приходится на святки. Святки — это время от Рождества до Крещения, «святые дни», когда новорождённый Бог сходит на Землю. Издавна во время святок ходили в гости, пели, наряжались, надевали маски и, конечно, гадали. Гадали обычно девушки, которые мечтали в Новом году выйти замуж. Они и на картах гадали, и в зеркало в полночь смотрели при свечах, и, выйдя на улицу ночью, спрашивали первого встречного о его имени, потому что с той же самой буквы должно было начинаться и имя жениха.

Россия — чемпион по рождественским и новогодним праздникам: каждый год мы празднуем два Рождества и два Новых года. Но, если в душе есть праздник, долгая зима проходит незаметнее и холода легче пережить.

I. Ответьте на вопросы.

1. Приходилось ли вам праздновать старый Новый год или другой какой-нибудь праздник в России?
2. Участвовали ли вы в подготовке этого праздника?
3. Любите ли вы делать подарки и за сколько времени до праздника вы их готовите?

II. Закончите предложения.

1. До 1918 года Россия ... .
2. Новый год по старому стилю ... .
3. В ночь с тринадцатого на четырнадцатое января ... .
4. За пять минут до старого Нового года ... .
5. До прихода старого Нового года ... .
6. Издавна во время святок ... .
7. Каждый год в России ... .

III. В связи с чем в тексте упоминается:

1918 год;

14 января по новому стилю;

19 января;

Святки;

слово «чемпион»?

IV. Справедливы ли следующие утверждения?

	Да	Нет
1. Старый стиль — это то же самое, что юлианский календарь.		
2. Старый Новый год отмечается в России в ночь с тринадцатого на четырнадцатое января.		
3. Бутылку шампанского обычно открывают через пять минут после боя курантов.		
4. Украшения снимают с ёлки и ёлку выбрасывают обычно до старого Нового года.		

ОБОЗНАЧЕНИЕ ВРЕМЕНИ ПОВТОРЯЮЩЕГОСЯ ДЕЙСТВИЯ

Когда? Как часто?	
каждую минуту каждый час каждый день каждую ночь каждую неделю каждый месяц каждый год	*Но:* **в** каждый момент **в** каждую эпоху **в** каждый период **в** каждую эру
по утрам, по вечерам, по ночам, по чётным (нечётным) дням, по понедельникам, по средам, по выходным, по праздникам	*Не используется* *со словами* секунда, минута, весна, лето, осень, год, *а также с названиями месяцев*
ежесекундно, ежеминутно, ежечасно, еже- дневно, еженедельно, ежеквартально, еже- месячно, ежегодно	*Не образуются от названий* *дней недели, месяцев, времён* *года*
часами (целыми, долгими часами) вечерами (целыми вечерами) неделями (целыми неделями) месяцами (целыми месяцами) годами (целыми годами) веками (целыми веками)	*Не используется* *с названиями дней недели и с* *названиями месяцев,* *а также со словами* лето, осень
время от времени временами не раз = несколько раз, много раз (ни разу = никогда) иногда часто редко	

Для обозначения времени повторяющегося действия есть несколько способов.

1. Словосочетание местоимения **каждый** с существительным, имеющим значение отрезка времени в форме **вин. п. без предлога**: *Каждый день ему нужно играть гаммы. Каждую субботу мы ходим в сауну.*

Исключения: слова **каждый** с существительными **момент, период, эпоха, эра** стоит в форме **вин. п.** + в: *В каждую эпоху происходят изменения климата.*

2. Некоторые существительные со значением отрезка времени могут стоять в форме **мн. ч. тв. п.**: *Отец любил работать ночами.*

Для усиления значения длительности действия в сочетании с этими существительными могут употребляться прилагательные **целыми, долгими, длинными** и некоторые другие: *Мы говорили с ним долгими зимними вечерами. Целыми часами он сидел у камина и смотрел на огонь.*

Исключения: эта конструкция времени не используется с названиями дней недели, с названиями месяцев, а также со словами **лето** и **осень**.

3. Некоторые существительные со значением отрезка времени в форме **мн. ч. дат. п.** + **предлог по**: *По утрам я делаю зарядку.*

Здесь также может употребляться прилагательное **целый** для усиления значения длительности действия: *По целым неделям он не бывал у нас.*

Исключения: эта временная конструкция не используется со словами **секунда, минута, год, весна, лето, осень**, а также с названиями **месяцев**.

4. Конструкция **... раз (раза) в** + **вин. п.**: *Один раз в неделю мы ходим в бассейн. Каникулы у школьников четыре раза в год.*

5. Для обозначения времени повторяющегося действия используются наречия и прилагательные, образованные от названий отрезков времени:

ежесекундный	— ежесекундно
ежеминутный	— ежеминутно
ежечасный	— ежечасно
ежедневный	— ежедневно
еженедельный	— еженедельно
ежемесячный	— ежемесячно
ежеквартальный	— ежеквартально
ежегодный	— ежегодно

Ежегодно наш университет проводит научные конференции.
Эти прилагательные и наречия носят книжный оттенок.

Исключения: подобные прилагательные и наречия не образуются от названий дней недели, месяцев и времён года.

6. Нерегулярная повторяемость действия выражается при помощи слов и словосочетаний: **время от времени, временами, иногда, часто, редко, не раз**. *Сегодня ожидается пасмурная погода, временами дождь.*

Обратите внимание на разницу в значениях и употреблении **не раз** и **ни разу**. **Не раз** означает «неоднократно», «не один раз, а несколько». *Я **не раз** получал от них поздравительные открытки. Они **не раз** путешествовали вместе. В этом месяце уже **не раз** шёл дождь.* **Ни разу** означает «никогда» и используется при глаголах с отрицанием. Частица **ни** усиливает отрицание. *Она **ни разу** не видела его. Они **ни разу** не ездили за границу. В этом месяце **ни разу** не было дождя.*

В предложениях с конструкциями времени повторяющегося действия употребляется несовершенный вид глагола.

Упражнение 116. Дополните предложения подходящими словами из столбика справа и употребите их в сочетании с местоимением **каждый**.

1. ... мы проводим репетиции спектакля.	секунда
2. ... я пишу письма домой.	раз
3. Эти соревнования проходят в нашем городе ...	три часа
4. ... больной принимает лекарство.	день
5. ... на Земле рождается новый человек.	среда
6. ... она поливает цветы в саду.	неделя
7. ... после теста мы исправляем свои ошибки.	осень
8. ... мы отдыхаем на берегу Чёрного моря.	эпоха
9. ... человечество делает новые важные открытия.	лето

Упражнение 117. Замените выделенные конструкции синонимами.

1. **Каждый день с утра до вечера** дедушка сидит в лодке и ловит рыбу.
2. **Каждый вечер** наши приятели приходят к нам посидеть, поговорить, поиграть в карты.
3. **Осенью каждого года** они ездят в лес за грибами.
4. **Каждую среду** Катя ходит на уроки музыки.
5. Я работаю **второго, четвёртого, шестого, восьмого и так далее числа каждого месяца**, а мой коллега работает **первого, третьего, пятого, седьмого числа каждого месяца**.
6. В наше село почту привозят только **по вторникам и пятницам**.

7. Иногда они **в течение нескольких дней** не разговаривали друг с другом.

8. **В августе каждого года** они всей семьёй живут на даче.

9. **Каждый день с утра и до утра** Костя сидел в больнице возле постели своей матери.

10. **В течение многих месяцев** он не мог читать и писать и очень страдал от этого.

Упражнение 118. Вставьте вместо пропусков конструкции времени, указывающие на длительность повторяющегося действия: (**целыми**) **часами, днями, ночами, неделями, месяцами, годами, веками.** Объясните, почему в этой роли не могут использоваться названия дней недели и месяцев?

1. Иногда нам нужно ждать своей удачи ... .

2. Я могу сидеть в библиотеке ... , если мне нужно подготовиться к экзамену.

3. Их сын играет на компьютере ... .

4. На севере России люди жили в деревянных домах ... .

5. Зимы здесь длинные, и сильные морозы стоят ... .

6. Северное лето короткое. Чтобы сделать запасы на зиму, крестьянам нужно работать в поле ... и ... .

Упражнение 119. Замените конструкции времени синонимами.

1. Занятия по русской культуре бывают у нас каждый понедельник, среду и пятницу.

2. Каждый вечер я удобно сажусь в кресло и читаю.

3. Каждый квартал работники фирмы получают премии.

4. Каждую субботу в филармонии проводятся хорошие концерты.

5. Каждое утро я делаю зарядку.

6. Каждый четверг мы занимаемся фонетикой в лаборатории.

7. Каждое воскресенье семья ходит в церковь.

8. Каждый год в университете организуются курсы русского языка.

9. Каждый день московское метро перевозит больше миллиона пассажиров.

Упражнение 120. Ответьте на вопросы по образцу. Объясните, в каких случаях нельзя использовать наречие типа **ежедневно**. Какую конструкцию времени следует употребить вместо наречия?

О б р а з е ц:

Вы каждый месяц платите за квартиру? — Да, **ежемесячно**.
Эта газета выходит каждую среду? — Да, **по средам**.

1. Журнал «Новый мир» выходит раз в месяц?
2. Она занимается аэробикой каждое утро?
3. Каждую пятницу у вас бывают видеоуроки?
4. Ситуация на бирже меняется каждую минуту?
5. Вы путешествуете каждое лето?
6. Неужели у вас бывают тесты по грамматике каждую неделю?
7. День города отмечается у вас каждый год?
8. Вы каждый день получаете письма по электронной почте?

Упражнение 121. Выберите глагол нужного вида и вставьте вместо пропуска.

1. Каждые полчаса к остановке ... автобус.	подходил / подошёл
2. Целыми месяцами он ... писем из дома.	не получал / не получил
3. По утрам дети ... стакан молока с хлебом и бежали на речку.	выпивали / выпили
4. Два раза в год в нашем городке ... большие праздники.	проходили / прошли
5. Ежедневно каждая семья ... что-то в нашем магазине.	покупает / купит
6. Каждое лето мы ... в дом отдыха.	ездим / поедем
7. Длинными зимними вечерами они ... со своими соседями в домино.	играют / поиграют

8. По выходным вся семья ... вместе.	собирается / соберётся
9. Два раза в год мы ... экзамены.	сдаём / сдадим
10. Этот журнал ... ежемесячно.	выходит / выйдет

Упражнение 122. Вставьте вместо пропусков глаголы нужного вида.

1. Я ... к экзамену за неделю. Целыми неделями я ... к этому экзамену.	готовился / подготовился
2. Я ... романы русских писателей долгими вечерами. Она ... книгу я быстро, за один вечер.	читала / прочитала
3. В следующее воскресенье утром мы ... на экскурсию в монастырь. Каждое воскресенье мы ... на лыжах.	ездим / поедем
4. Посетители музея часами ... на эту картину. За час мы ... всю выставку.	смотрели / осмотрели
5. Завтра утром я ... свежую газету с телевизионной программой. Каждое утро я ... свежие газеты в этом киоске.	покупаю / куплю
6. В каждую эпоху люди ... важные медицинские проблемы. Надеюсь, в двадцать первом веке учёные, наконец, ... проблему рака.	решают / решат
7. Целыми месяцами жители дальней деревни не ... никаких новостей. Вчера мы ... новость об отставке губернатора.	слышали / услышали

Упражнение 123. Посмотрите на расписание ваших занятий и расскажите, используя конструкции времени, как часто, по каким дням недели, сколько раз в неделю, в месяц бывают у вас занятия по разным предметам. Хотелось бы вам изменить расписание, и что бы вы изменили в нём?

Упражнение 124. Как часто вы делаете это? Ответьте на вопросы, используя данные выражения.

один раз два раза (дважды) три раза (трижды)	в день в неделю в месяц в год	ежедневно еженедельно ежемесячно каждые полгода ежегодно

1. Вы когда-нибудь делаете зарядку?
2. Вы любите покупать новую одежду?
3. Вы регулярно ходите к стоматологу?
4. Как часто вы стрижёте волосы?
5. Вы любите принимать гостей?
6. Вы часто пьёте вино?
7. Вы когда-нибудь ходите в спортзал?

Упражнение 125. Прочитайте утверждения некоторых людей, изучающих иностранный язык. Какие из этих утверждений справедливы и для вас, а какие нет?

1. Обычно я не откладываю на завтра то, что можно сделать сегодня.
2. Каждый вечер перед сном я повторяю все новые слова и выражения.
3. Я повторяю новые слова только перед самым уроком.
4. Каждое новое слово я стараюсь использовать много раз, чтобы лучше запомнить его.
5. В моём кармане всегда лежат карточки со словами, которые я хочу запомнить, и я использую каждую свободную минуту, чтобы ещё раз повторить их.
6. По выходным я всегда нахожу время, чтобы повторить все новые слова, которые я выучил в течение недели.

7. Я пишу новые слова и целые фразы на листках бумаги и развешиваю их на стенах в кухне, в комнате над письменным столом, даже в ванной, чтобы видеть их ежедневно, ежечасно, за завтраком и ужином, во время отдыха и работы.

Упражнение 126. Один молодой человек хотел бы познакомиться с девушкой через бюро знакомств. Он заполнил анкету о своих занятиях в свободное время, которую ему предложили в бюро. Прокомментируйте эту анкету и скажите, какая девушка ему подойдёт. Заполните анкету сами и обсудите это с соседями по группе.

Что вы любите делать и как часто вы это делаете?	еже-дневно	вече-рами	раз в неделю	только по вы-ходным	раз в месяц	время от вре-мени
читать	✓					
смотреть телевизор		✓				
ходить в театр						✓
заниматься домашними делами						✓
ходить в гости				✓		
принимать гостей у себя				✓		
ездить на пикники					✓	
плавать в бассейне			✓			

Упражнение 127. Ответьте на вопросы, используя подходящие конструкции времени.

1. Любите ли вы смотреть телевизор, и как часто вы его смотрите?
2. Какие спортивные программы и как часто вы смотрите по телевизору?

3. Как часто идут художественные фильмы, и как часто показывают по-настоящему хорошие фильмы?

4. Какую программу вы можете назвать своей любимой, и как часто вы её смотрите?

5. Часто ли показывают новости, и регулярно ли вы их смотрите?

6. Когда вся ваша семья собирается у телевизора, и как часто это случается?

 Упражнение 128. Решите задачи.

1. Мальчик выполнял домашнее задание три часа и каждый час прислушивался к бою стенных часов, считая количество ударов. Часы били каждый час, и мальчик насчитал за три часа всего восемнадцать ударов. С какого часа и до какого часа он выполнял домашнюю работу?

2. Мальчик учит стихотворение из сорока строк. Ему нужно две минуты, чтобы запомнить каждую строчку. Сколько минут нужно мальчику, чтобы забыть это стихотворение, если известно, что забывает стихи он в два раза быстрее, чем запоминает?

3. Я хожу в бассейн раз в три дня, Игорь — раз в четыре дня, а Коля — раз в пять дней. В прошлый понедельник мы все встретились в бассейне. Через сколько времени мы встретимся снова и какой это будет день недели?

4. Один человек жил на двадцатом этаже высотного дома. Каждый раз, возвращаясь домой, он поднимался по лестнице пешком, но, выходя из дома, он ехал вниз на лифте. И только время от времени, когда на улице шёл дождь и у него был с собой зонт, он ехал вверх на двадцатый этаж на лифте. Почему?

Упражнение 129. Закончите предложения, выбрав правильный вариант.

1. ... субботу мы ездим по магазинам за покупками.

    а) Каждую
    б) В каждую
    в) В прошлую

2. Мой парикмахер работает ...

    а) по дням.
    б) по чётным дням.
    в) по целым дням.

3. Каждую неделю я ... электронные письма всем своим друзьям.

    а) послал
    б) пошлю
    в) посылаю

4. Бабушка не выходила из дома целыми ...

    а) днями.
    б) субботами и воскресеньями.
    в) выходными.

5. В каждый ... на Земле происходят интересные открытия.

    а) век
    б) период
    в) год

6. Мы отдыхаем на море ...

    а) каждый год.
    б) в каждый год.
    в) по годам.

7. Они ходят в бассейн ...

    а) средами.
    б) по средам.
    в) в каждую среду.

8. Ежеминутно в разных частях города в метро ... тысячи человек.

    а) вошли
    б) входят
    в) войдут

9. В каждую ... климат изменяется.

    а) осень
    б) весну
    в) эпоху

10. Зимой мы живём в городе, а ... уезжаем на дачу.

    а) в каждое лето
    б) каждое лето
    в) каждым летом

ОБЫЧАИ ПРАЗДНОВАТЬ РОЖДЕСТВО И НОВЫЙ ГОД

У германских народов некогда существовал обычай украшать дом на Рождество и Новый год зелёными ветками. Сначала это были ветки вишен, слив, яблонь, которые ставились в воду за несколько недель до праздника, чтобы к Рождеству на ветках появились цветы и листья. Считалось, что в наступающем году это принесёт человеку здоровье и счастье. Со временем цветущие ветки заменили вечнозелёной хвоей. В канун Рождества и Нового года на севере Германии на ужин подавали блюда, в которых был «зародыш жизни»: рыбную икру, горох, бобы, яйца, кашу.

В Англии и Шотландии дома тоже украшаются ветками зелени — плющом, омелой. Перед наступлением Нового года в камине разводят яркий огонь, и вся семья садится у огня. Когда стрелки часов приближаются к двенадцати, хозяин молча открывает дверь — так он выпускает старый год и впускает новый.

Итальянцы считают, что под Новый год надо освободиться от всего плохого и печального, поэтому в ночь под Рождество из окон домов на улицы летит старая мебель, одежда и посуда.

В Греции придают большое значение человеку, который первым войдёт в дом с наступлением Нового года. Часто им бывает сам хозяин. Он выходит на улицу, затем делает два шага внутрь дома и приговаривает: «Входи, добро, входи, счастье!» Потом делает два шага назад со словами: «Выходите, неудачи, выходите, несчастья!» Так повторяется трижды.

В Швеции дети месяцами собирают старую посуду, чтобы на Новый год разбить её о двери тех, кого они любят и уважают. Хозяева ловят шутника, а потом угощают его конфетами и орехами.

В России до сих пор Новый год отмечают более пышно, чем Рождество. Для всех русских Новый год — самый любимый праздник. Семьи собираются за праздничным столом и сначала провожают старый год. С боем курантов все встают, пьют шампанское и загадывают желание. Каждый старается быть весёлым, потому что существует примета: как встретишь Новый год, так его и проживёшь.

(По статье И.А. Климишина
«Заметки о нашем календаре»)

I. Расскажите и расспросите своих друзей по группе:

1) какие рождественские и новогодние традиции существуют в вашей стране;

2) как принято праздновать Рождество и Новый год в вашей семье;

3) какой ваш любимый праздник; когда он отмечается; за сколько дней вы начинаете к нему готовиться?

II. Закончите предложения.

1. В Германии накануне Рождества и Нового года ... .
2. В Англии и Шотландии перед наступлением Нового года ... .
3. Итальянцы в ночь под Рождество ... .
4. С наступлением Нового года греки ... .
5. В Швеции на Новый год ... .
6. В России с боем курантов в полночь ... .

ОБОЗНАЧЕНИЕ ОДНОВРЕМЕННОСТИ ДЕЙСТВИЙ

Когда? В какое время? Во время чего?
во время работы, в ходе урока, в процессе обучения в то же самое время = одновременно
в перерыв, в обед, в каникулы, в наше время в год юбилея Пушкина, в век атома, в эпоху застоя, во времена Екатерины
в дождь, в снег, в снегопад, в грозу, в плохую (хорошую) погоду
при Петре Первом, при коммунизме, при встрече, при обсуждении
за обедом, за завтраком, за чаем за работой, за разговором, за беседой, за книгой
на закате, на рассвете

Для обозначения одновременности действий служат предложно-падежные сочетания и конструкции, в которых вместо существительных со значением отрезка времени (таких, как **минута**, **час**, **день**, **месяц**, **неделя** и т.д.) используются слова, обозначающие действия, погодные условия, события, исторические этапы и личности, определяющие эти этапы, и т.п.:

1) конструкции с производными предлогами **во время** + **род. п.**, **в ходе** + **род. п.**, **в процессе** + **род. п.**: *Во время операции больной крепко спал. Новые факты были открыты в ходе расследования. В процессе обучения иностранным языкам используются компьютерные программы*;

2) **в** + **вин. п.** существительного со значением периода: **в перерыв**, **в обед**, **в каникулы**: *Я подошёл к профессору в перерыв. В обед я ходил домой. В каникулы мы ездили в лагерь.* Обратите внимание на слова **год**, **век** и **столетие**. Вы уже знаете, что при обозначении даты эти слова стоят в предложном падеже: **в двадцатом году**, **в девятнадцатом веке**, **в двадцатом столетии**. Однако если при этих словах есть несогласованное определение, они служат для обозначения одновременности действий и стоят в форме винительного падежа с предлогом **в**: **в год его возвращения домой**, **в век компьютеров**, **в столетие дома Романовых**. Например: *В год его возвращения домой в нашей семье*

117

появился ещё один ребёнок. (Два действия произошли в том же самом году: он вернулся домой и в семье появился ребёнок).

3) **в + вин. п.** существительного со значением погодных условий: **в туман, в дождь, в грозу, в хорошую погоду**. Например: *В туман на дороге столкнулись две машины.* (На дороге был туман, две машины столкнулись).

4) **при + предл. п.** существительного со значением исторического этапа или личности, определяющей этот этап: **при коммунизме, при Петре Первом**, а также со значением действия: **при нагревании, при проверке**. Например: *Его родители жили при Сталине. При проверке документов у него не было с собой паспорта*;

5) **за + твор. п.** существительного часто со значением трапезы, а также другого занятия: **за обедом, за ужином, за чаем, за сладким**; **за работой, за разговором, за беседой, за книгой**. Например: *За обедом он сказал матери о своём решении.* (Был обед, в это время он сказал матери о своём решении). *За беседой мы не заметили, как стало темно.* (Мы беседовали и не заметили, как стало темно.)

6) **на + предл. п.** существительного со значением светового явления природы: **на заре, на рассвете, на закате**. Например: *Он встал на рассвете.* (Был рассвет, в это время он встал).

Упражнение 130. Прочитайте предложения и укажите, в каких из них используются конструкции для обозначения одновременности действий.

1. Во время урока дверь неожиданно открылась и в класс вошла кошка.
2. В каникулы мы обычно ездили к бабушке в деревню.
3. Трудно поверить, что электричество изобрели в девятнадцатом веке.
4. В век всеобщей компьютерной грамотности стыдно не уметь работать с компьютером.
5. При царе Россия была крупной аграрной страной.
6. За чаем началась душевная беседа.
7. «Я вернусь домой на закате дня, обниму жену, напою коня...»
8. Говорят, что уезжать и приезжать в дождь — хорошая примета.

Упражнение 131. Прочитайте предложения и дополните их информацией о том, что произошло или произойдёт **во время, в ходе, в процессе** описанного действия.

Образец:

На прошлой неделе мы сдавали экзамен по русскому языку. —
В ходе экзамена все наши студенты показали хорошие знания.

1. Вчера мы работали до позднего вечера.
2. На следующей неделе состоятся переговоры между двумя нашими странами.
3. В мае прошла конференция уфологов.
4. Через неделю состоится семинар экологов.
5. После лекции нам интересно было обсуждать проблемы современной семьи.
6. Весной мы ездили по городам Золотого кольца России.
7. Следующий перерыв будет с 11.00 до 11.30.

Упражнение 132. Что, по-вашему, следует и чего не следует делать:

а) в грозу;   д) в дождь;
б) в туман;   е) в снег;
в) в мороз;   ж) в ненастную погоду;
г) в жару;   з) в солнечную погоду.

Упражнение 133. Переделайте сложные предложения в простые, используя формулы времени.

Образец:

Когда на улице холодно, занятия в школах отменяются. —
В холодную погоду занятия в школах отменяются.

1. В детстве я любил спать, когда шёл дождь.
2. Когда была гроза, дети прятались в бабушкиной спальне.
3. Когда была ясная, солнечная погода, все дети гуляли во дворе.
4. Ливень продолжался до вечера, вот почему весь день мы сидели дома.

5. Как приятно сидеть у русской печки, когда за окном трещат морозы!

6. Когда наступали жаркие дни, мы с братом проводили всё время на речке.

ℝ Упражнение 134. Объясните значение выделенных слов. Какими синонимическими конструкциями их можно заменить?

А.

1. **При расставании** он крепко обнял своих родителей.
2. **При осмотре** места преступления ничего не нашли.
3. **При кипячении** воды многие микробы погибают.
4. **При поступлении** в университет надо сдавать экзамены.
5. **При подготовке** к первой лекции я прочитал много научных статей.

Б.

1. **При Иване Грозном** была напечатана первая книга.
2. **При Петре Первом** Россия получила выход к Балтийскому морю.
3. **При Екатерине Второй** в России появились идеи просвещения.
4. **При Николае Первом** были построены первые железные дороги в России.
5. **При Александре Втором** Россия избавилась от крепостного права.

ℝ Упражнение 135. Как сказать короче? Замените выделенные конструкции синонимами.

1. **Когда мы встречаемся**, он всегда улыбается мне.
2. **Когда вы переходите улицу**, будьте осторожны.
3. **Когда студенты обсуждали телепрограмму**, их мнения разделились.
4. Этот талисман подарил мне мой друг, **когда мы расставались.**

5. **Знакомясь с его родителями**, я понял, на кого он похож.
6. **Во время царствования Петра Первого** Россия создала свой флот.
7. **Когда вы поступаете на работу**, вы должны заполнить анкету и подать заявление.

Упражнение 136. Составьте предложения со словами:

при усилении	при коммунизме	при увеличении
при анализе	при царской власти	при расставании
при подготовке	при обсуждении	при встрече
при выполнении	при уменьшении	при сравнении

Упражнение 137. Измените предложения, используя конструкции времени.

Образец:

Когда мы завтракаем, брат обычно читает газету. — **За завтраком** брат обычно читает газету.

1. Обычно, когда они обедали, в доме было очень тихо.
2. Иногда, когда мы ужинаем, мы смотрим новости по телевизору.
3. Приятно посидеть в этом уютном кафе и выпить чашечку кофе.
4. Когда мы будем пить чай во время перерыва, я расскажу тебе о вчерашнем приключении.
5. Когда принесли десерт, разговор стал живее.
6. Когда беседуешь с интересными людьми, время проходит незаметно.

Упражнение 138. Вставьте в предложения подходящие по смыслу конструкции времени со значением одновременности действий: **за завтраком, на рассвете, в дождь, за разговором, в ходе расследования, во время поездки, при нём.**

1. ... она любила читать, сидя у окна.
2. ... путешественники отправились в дорогу.
3. ... отец всегда любил просматривать газеты.

4. Летом она ездила во Францию. ... она познакомилась со своим будущим мужем.

5. Мы всю дорогу говорили о литературе. ... мы не заметили, как дошли до дома.

6. Горбачёв был первым и последним Президентом Советского Союза. ... Советский Союз закончил своё существование.

7. Полицейские были уверены, что только один человек участвовал в преступлении, но ... они поняли, что преступников было несколько.

Упражнение 139. Дополните предложения интересной информацией о себе.

1. Всю свою жизнь ... .
2. ... три недели назад.
3. На прошлой неделе ... .
4. Последние десять лет ... .
5. ... в тысяча девятьсот девяносто третьем году.
6. Вечерами ... .
7. В детстве ... .
8. ... за обедом.
9. Время от времени ... .

Упражнение 140. Ответьте на вопросы.

1. Если бы у вас была машина времени, в какой период всемирной истории вы хотели бы попасть? Почему? Какие 5 предметов современной жизни вы взяли бы с собой, чтобы показать людям прошлого, какой стала жизнь в начале двадцать первого века?

2. В какой год будущего вы хотели бы отправиться на машине времени? Что бы вы хотели увидеть в будущем?

Упражнение 141. Расскажите о традициях вашей семьи, используя конструкции времени со значением одновременности действий.

Упражнение 142. Принесите свою детскую фотографию на занятие и не показывайте её своим друзьям по группе. Смешайте все фотографии и попробуйте определить, кто есть кто на фотографиях. Догадайтесь, сколько лет назад сделано фото и в какое время.

? **Упражнение 143.** Решите задачу.

Вера, Маша и Катя — подруги. Одна из них — парикмахер, другая — библиотекарь, а третья — домохозяйка.

Известно, что Вера старше Маши на два года, а парикмахер младше домохозяйки на один год.

На днях у Кати юбилей — ей исполняется 30 лет.

Вера не интересуется литературой, а Маша никогда не была замужем.

Катя влюбилась в своего будущего мужа с первого взгляда. Это был «служебный роман». В прошлом году, во время вечеринки (это был день рождения домохозяйки), библиотекарь познакомилась с молодым человеком. Они собираются сыграть свадьбу через год, когда невесте исполнится 30 лет.

Как зовут парикмахера, библиотекаря и домохозяйку?

 Упражнение 144. Закончите предложения, выбрав правильный вариант.

1. ... мы успели сбегать в театр за билетами.

   а) За обедом
   б) В обед
   в) На обеде

2. Многие люди посетили Санкт-Петербург ...

   а) на год его юбилея.
   б) в году его юбилея.
   в) в год его юбилея.

3. Птицы особенно красиво поют ...

   а) на рассвете.
   б) в рассвет.
   в) при рассвете.

4. ... лучше сидеть в тёплом доме.

   а) В дожде
   б) В дождь
   в) На дожде

5. ... мы обсуждали все новости.

   а) На чай
   б) В чай
   в) За чаем

6. К сожалению, ... молодые люди стали читать меньше книг.

а) в веке интернета
б) в век интернета
в) на век интернета

7. ... с химическими веществами надо соблюдать осторожность.

а) За работой
б) При работе
в) На работе

8. ... этого текста можно пользоваться словарём.

а) В перевод
б) С переводом
в) При переводе

9. Нельзя сидеть дома ...

а) в хорошую погоду.
б) при хорошей погоде.
в) с хорошей погодой.

10. ... люди не могут обходиться без мобильного телефона.

а) С нашим временем
б) В наше время
в) В нашем времени

ИЗ ИСТОРИИ ЧАСОВ

Первыми часами для людей служило солнце. Чем выше поднималось солнце, тем ближе было к полудню, а чем ниже солнце опускалось к горизонту, тем ближе было к вечеру.

Первым прибором для измерения времени стали солнечные часы. Их изобрели в эпоху пирамид. Люди с давних пор заметили, что тени от предметов, освещённых солнцем, в течение дня изменяются. Утром тени самые длинные, к середине дня они уменьшаются, а к вечеру опять удлиняются. В течение дня меняется и направление теней. Это явление было использовано для создания солнечных часов.

В древности солнечные часы широко использовались в Египте, в Индии, в Греции, в Китае и других странах. Они довольно точно показывали время, но имели существенный недостаток: ими нельзя было пользоваться на закате, ночью и во время пасмурной погоды. Несмотря на это, их использовали и при Петре Первом.

Во втором тысячелетии до нашей эры были изобретены песочные часы. Они работали в любое время суток и в любую погоду. Даже в наше время песочные часы находят своё применение в медицинской практике, в химических лабораториях и на уроках.

Более удобными часами, которые не требовали бы постоянного присутствия человека, стали огненные часы. Ими пользовались в шахтах. Огненные часы — это сосуд с таким количеством масла, которое сгорало за определённое время. Когда всё масло сгорало, люди кончали работать. В то же самое время огненные часы служили светильником.

В Китае, Египте, Греции были известны водяные часы. Время по ним узнавали по скорости перетекания воды из одного сосуда в другой. Для отсчёта времени на стенках сосудов делали метки. Приборы для измерения времени совершенствовались в процессе развития технического прогресса. В конце одиннадцатого — начале двенадцатого веков были изобретены механические часы с колёсами и гирями. И хотя такие часы до шестнадцатого века имели только одну часовую стрелку и низкую точность хода, у них уже были в основном все детали современных настенных часов…

Много воды утекло с тех пор! Посмотрите на свои наручные часы и вспомните, какой путь прошли они за всю историю человечества.

(По книге Л.С. Хренова и И.Я. Голуба «Время и календарь»)

I. Ответьте на вопросы.

1. Знаете ли вы, как выглядят солнечные, песочные, огненные и водяные часы?

2. Почему так говорят: «Много воды утекло»?

II. Найдите в тексте ответы на вопросы.

1. Какими были первые приборы для измерения времени?
2. Где используются солнечные часы? Каков их недостаток?
3. Когда были изобретены песочные часы? Где их применяют?
4. Когда появились механические часы?

III. Дополните предложения словами, указывающими на время.

1. Солнечные часы изобрели ... .
2. Длина тени и её направление меняются ... .
3. Песочные часы работают ... .
4. Механические часы имели одну часовую стрелку и низкую точность хода ... .

Психологи советуют нам обратить внимание на часы нашего знакомого, пока мы пожимаем его руку в знак приветствия. Механические часы с арабскими цифрами на циферблате подскажут вам, что ваш приятель — консерватор. Если часы показывают дату — их владелец может получать выгоду из любой ситуации. У слабохарактерных и нерешительных людей — часы со звуковым сигналом. Если человек вообще не носит часов — он молод духом, энтузиаст и романтик!

ОБОЗНАЧЕНИЕ ПРИБЛИЗИТЕЛЬНОГО ВРЕМЕНИ

В русском языке существует несколько способов для выражения приблизительного времени.

1. При помощи инверсии.

Точное время	Приблизительное время
Он родился **в восемьдесятпятом году**.	Он родился **году в восемьдесят пятом**.
Она приедет **двадцать пятого сентября**.	Она приедет **числа двадцать пятого***.
Я приду **в шесть часов**.	Я приду **часов в шесть**.
Он вышел **на пять минут**.	Он вышел **минут на пять**.
Он вернётся **через пять минут**.	Он вернётся **минут через пять**.
Я напишу письмо **за тридцать минут**.	Я напишу письмо **минут за тридцать**.

Во временных конструкциях с числительным **один** инверсия не допускается. В этих случаях для выражения приблизительного времени нужно использовать лексические способы.

2. При помощи слов **приблизительно, примерно**.
*Она ушла **приблизительно в три часа**. Он придёт **примерно в час**.*

В просторечии для выражения приблизительности времени используются также слова **где-то** и **где-нибудь**.
*Давай созвонимся **где-то в шесть**. Она приедет **где-нибудь в феврале**.*

3. Предлог **около** + род. п.
*Мы жили там **около двух лет**. Поезд отправляется **около пяти часов вечера**.*

4. Предлог **после** + род. п.
*Дополнительные занятия начинаются **после шести часов вечера**. Приходи ко мне **после трёх часов дня**.*

---

* При инверсии не используется название месяца. Вместо этого добавляется слово **числа**.

Если из контекста понятно, о какой части суток идёт речь, то слова **час**, **утра**, **дня**, **вечера**, **ночи** могут быть опущены.

*Приходи ко мне **после трёх (часов дня)**. Поезд отправляется **около пяти (часов утра)**.*

5. **Род. п. числительного**, обозначающего часовое время, + **нет** (**не было**).

— *Сколько времени?* — *Не знаю точно, кажется, **восьми нет**.*

Вы ушли вчера с работы — ***шести не было**. Ещё и **двух часов нет**, а я уже устал.*

6. **Порядковое числительное** используется для обозначения приблизительного часового времени.

— *Сколько времени?* — *Уже **третий час**.*

— *Когда он вернулся?* — ***В начале двенадцатого**.*

— *Когда ты выйдешь из дома?* — ***Во втором часу**, не раньше.*

7. Словосочетание **порядкового числительного мн. ч.** со словом **годы** используется для приблизительного обозначения временного периода, промежутка в десять лет.

***Двадцатые годы** прошлого века — это очень интересный период в истории искусства. Все главные свои книги он написал **в семидесятые годы**.*

8. Словосочетание порядкового числительного **первый**, **десятый**, **двадцатый**, **тридцатый** со словом **числа** используется для приблизительного обозначения временного периода, промежутка в десять дней.

*Листья на деревьях появляются здесь обычно **в первых числах мая**. Пожалуй, **десятые числа** этого месяца — самое удобное для экзаменов время. **Первая декада декабря** была бесснежной, а **в двадцатых числах** ожидаются снегопады.*

9. Предлог **между** + **тв. п. числительных**, обозначающих часовое время.

*Позвони мне **между двумя и тремя (часами дня)**.*

10. Предлог **к** + **дат. п.**
Эта конструкция указывает также на предельный срок действия.

— *Когда ты должен вернуться домой?* — ***К шести часам вечера**.*

*Нам надо закончить работу **к двум часам**. Все гости собрались **к обеду**. Дети приехали домой **к Рождеству**.*

Упражнение 145. Скажите, какое примерно время показывают эти часы и какие числа отмечены на этих календарях.

ЯНВАРЬ	ФЕВРАЛЬ	МАРТ	АПРЕЛЬ
Пн Вт Ср Чт Пт Сб Вс	Пн Вт Ср Чт Пт Сб Вс	Пн Вт Ср Чт Пт Сб Вс	Пн Вт Ср Чт Пт Сб Вс
1 2 3 4 5	1 2	1 2	1 2 3 4 5 6
6 7 8 9 (10)(11)(12)	3 4 5 6 7 8 9	3 4 5 6 7 8 9	7 8 9 10 11 12 13
(13)(14)(15)(16)(17)(18)(19)	10 11 12 13 14 15 16	10 11 12 13 14 15 16	14 15 16 17 18 19 20
20 21 22 23 24 25 26	17 18 19 20 21 22 23	17 18 19 20 21 22 23	21 22 23 24 25 26 27
27 28 29 30 31	24 25 26 27 28	24 25 26 27 28 29 30	28 29 30
		31	

МАЙ	ИЮНЬ	ИЮЛЬ	АВГУСТ
Пн Вт Ср Чт Пт Сб Вс	Пн Вт Ср Чт Пт Сб Вс	Пн Вт Ср Чт Пт Сб Вс	Пн Вт Ср Чт Пт Сб Вс
1 2 3 4	1	1 2 3 4 5 6	(1)(2)(3)
5 6 7 8 9 10 11	2 3 4 5 6 7 8	7 8 9 10 11 12 13	(4)(5)(6)(7)(8)(9)(10)
12 13 14 15 16 17 18	9 10 11 12 13 14 15	14 15 16 17 18 19 20	11 12 13 14 15 16 17
19 20 21 22 23 24 25	16 17 18 19 20 21 22	21 22 23 24 25 26 27	18 19 20 21 22 23 24
26 27 28 29 30 31	23 24 25 26 27 28 29	28 29 30 31	25 26 27 28 29 30 31
	30		

СЕНТЯБРЬ	ОКТЯБРЬ	НОЯБРЬ	ДЕКАБРЬ
Пн Вт Ср Чт Пт Сб Вс	Пн Вт Ср Чт Пт Сб Вс	Пн Вт Ср Чт Пт Сб Вс	Пн Вт Ср Чт Пт Сб Вс
1 2 3 4 5 6 7	1 2 3 4 5	1 2	1 2 3 4 5 6 7
8 9 10 11 12 13 14	6 7 8 9 10 11 12	3 4 5 6 7 8 9	8 9 10 11 12 13 14
15 16 17 18 19 (20)(21)	13 14 15 16 17 18 19	10 11 12 13 14 15 16	15 16 17 18 19 20 21
(22)(23)(24)(25)(26)(27)(28)	20 21 22 23 24 25 26	17 18 19 20 21 22 23	22 23 24 25 26 27 28
(29)30	27 28 29 30 31	24 25 26 27 28 29 30	29 30 31

🖐 **Упражнение 146.** Прочитайте предложения. Скажите, какое время — точное или приблизительное — обозначено в них? Замените точное время приблизительным, используя подходящие формулы времени.

1. Мама уехала в санаторий на десять дней.

2. Директор вышел на три минуты.

3. Давай созвонимся с тобой в четыре часа дня.

4. Поезд отправляется в семнадцать часов пятьдесят две минуты.

5. Самолёт прилетает в шесть часов десять минут.

6. Малыш заснул сегодня рано, в девятнадцать часов пятьдесят минут.

7. Сколько времени? — Сейчас тринадцать часов пять минут.

8. Многие свои произведения Пушкин написал с тысяча восемьсот тридцатого по тысяча восемьсот тридцать седьмой год.

9. Гастроли Большого театра будут проходить с двадцатого по тридцатое июня.

10. Приходите к нам в гости. Вечеринка начнётся в шесть часов вечера.

Упражнение 147. Переспросите, выразив своё удивление. Не повторяйте уже использованную конструкцию приблизительного времени, а употребите синоним.

Образец:

Сегодня уроки закончатся после пяти часов вечера. — Уроки закончатся сегодня **в шестом часу**?

1. Сегодня пятое августа, а письмо дойдёт до Москвы только числа пятнадцатого.
2. Я добираюсь до университета минут за тридцать.
3. Спектакль закончится в начале десятого.
4. Кто-то позвонил мне между двумя и тремя часами ночи.
5. Я засыпаю обычно часов в 12 ночи.
6. Они работали в России года два.
7. Сильные морозы ожидаются числа с десятого.
8. Мне нужно быть завтра в университете около семи часов утра.

Упражнение 148. У вас отпуск! Что вы любите делать во время отпуска? Договоритесь с друзьями:

1) устроить пикник;
2) отметить ваш день рождения у вас дома;
3) сходить на концерт;
4) встретиться и поиграть в вашу любимую игру;
5) походить по магазинам;
6) посетить дискотеку;
7) навестить одного знакомого — он лежит в больнице;
8) съездить на рыбалку.

Разыграйте ситуации, используя в репликах конструкции, выражающие приблизительное время.

УПОТРЕБЛЕНИЕ НАРЕЧИЙ
ДАВНО И ДОЛГО

С глаголами	ДАВНО	ДОЛГО
настоящего времени	Он давно спит. Пора вставать.	Он обычно долго спит.
настоящего времени с НЕ	Ребёнок давно не спит.	Ребёнок долго не спит (но потом засыпает).
прошедшего времени	Она давно пришла. Я давно читал эту книгу.	Она долго шла по улице. Я долго читал эту книгу.
прошедшего времени с НЕ	Она давно не приходила к нам. Они давно не писали друг другу.	Мы расстались, и она долго не приходила к нам. После этого случая они долго не писали друг другу.
будущего времени (с НЕ и без НЕ)	—	Я буду долго ждать тебя. Мы не будем долго ждать вас.

Наречия **долго** и **давно** близки по значению — они обозначают продолжительность действия. *Она **долго** работает здесь. Она **давно** работает здесь.*

Однако в их значениях и употреблении есть разница.

Наречие **долго** может использоваться только с глаголом несовершенного вида (прошедшего, настоящего и будущего времени), так как указывает на срок действия или на процесс. *Нина Ивановна **долго** — почти тридцать лет — работала директором школы.*

Наречие **давно** может употребляться в предложениях с глаголами настоящего или прошедшего (но не будущего!) времени. Оно обозначает, что

1) действие началось в прошлом (много времени назад) и продолжается до сих пор в настоящем. Глагол настоящего времени несовершенного вида. *Он **давно** любит её. Они **давно** интересуются русской культурой*;

2) действие происходило или произошло в прошлом (много времени тому назад). Наречие используется с глаголом прошедшего времени

совершенного или несовершенного вида. *Я **давно** читал эту книгу. Они **давно** поженились. Он **давно** построил этот дом.*

В предложениях, где глагол употребляется с частицей НЕ, наречия **давно** (**не**) и **долго** (**не**) синонимичны и означают длительное отсутствие действия. Глаголы только несовершенного вида. *Он **давно** не писал мне. Он **долго** не писал мне. Он **давно** не звонит мне. Он **долго** не звонит мне.*

Наречие **недавно** указывает на то, что действие произошло или происходило немного времени тому назад. *Он **недавно** бросил курить.*

Наречие **недолго** показывает, что действие происходило, происходит или будет происходить непродолжительное время. *Мы **недолго** ждали вас. Он **недолго** читает газеты. Я буду учиться здесь **недолго**.*

Упражнение 149. Объясните значения слов **долго** и **давно**. Можно ли без ущерба для смысла предложения заменить одно слово другим?

1. У моего друга хорошая коллекция марок. Он давно собирает марки.
2. Папа любит разбирать и собирать машину. Он разбирает машину быстро, но собирает её долго.
3. Преподаватель спрашивает, но студент долго не отвечает, стоит и думает.
4. Мы давно купили этот телевизор.
5. Девушка долго вспоминала стихотворение, которое выучила давно.
6. Игорь давно не ездил к своим родителям.
7. Мой отец оставил нас с мамой давно, ещё до моего рождения. Мама долго не хотела рассказывать мне об этом.
8. Алиса недавно научилась читать по-русски.
9. Она недолго изучала русский алфавит.
10. Мы будем долго вспоминать эту поездку.

Упражнение 150. Измените предложения по образцу. Обратите внимание на употребление видов глагола.

Образец:

Он давно не писал мне. — Он **давно** не писал мне, но **недавно** он написал мне хорошее письмо.

Бабушка долго не показывала нам свои дневники. — Бабушка **долго** не показывала нам свои дневники, но **недавно** она показала нам эти старые тетради.

1. Родители давно не звонили мне.
2. Соседка давно не заглядывала к нам.
3. Костя долго не получал писем от своей подруги.
4. Этот режиссёр давно не снимал фильмов.
5. Мы долго не решались сказать родителям о свадьбе.
6. Мы давно не слышали никаких новостей.

Упражнение 151. Дополните предложения нужными по смыслу глаголами из скобок в правильной форме.

1. Ольга давно ... в этот университет, а её сестра долго ... туда, но так и не ... .

поступать / поступить;

2. Наш старший сын давно ... плавать, а младший долго ... плавать в бассейне, но до сих пор не ... .

печатать / напечатать;

3. Моя подруга давно уже ... себе новое платье к выпускному балу, а я долго ... , ... , но всё ещё ничего не ... .

учиться / научиться;

4. Наша старая секретарша давно уже ... все документы, а новая долго ... их, но, по-моему, так и не ... .

шить / сшить

УПОТРЕБЛЕНИЕ НАРЕЧИЙ
НИКОГДА́ И НÉКОГДА

Наречия времени **никогда** и **некогда** отличаются ударением: **никогда́**, **нéкогда**, написанием: **нИкогда**, **нЕкогда** и значением.

Наречие **никогда** используется при глаголе с отрицанием (с частицей не) и подчёркивают полное отсутствие действия в прошлом, настоящем и будущем. *Они **никогда** не ездили в Россию. Она **никогда** не рассказывает о своей прошлой жизни. Он **никогда** не скажет ей об этом.*

Наречие **некогда** имеет два значения.

1. Оно обозначает временную неопределённость в прошлом. В отличие от синонима **много лет тому назад** имеет книжный оттенок. Чаще всего в этом значении наречие **некогда** встречается в сказках или литературных произведениях. *Жил некогда один мастер. Звали его Данила.*

2. Наречие **некогда** в безличной конструкции указывает на нехватку, отсутствие времени. *—Давай пойдём завтра в цирк. —Не могу. Мне некогда. Нам некогда было даже позвонить тебе.*

Упражнение 152. Прочитайте пары предложений. Сравните наречия времени и объясните их значения.

1. Ему никогда не приходилось бывать в Сибири.
   Ему некогда поехать в Сибирь к родителям.
2. Некогда жили в этих лесах волки, лисы и медведи.
   Тигры никогда не жили в этих лесах.
3. —Вы бывали когда-нибудь в джунглях Африки? —Никогда!
4. —Завтра у Макса день рождения. Пойдёшь? —Мне некогда, послезавтра экзамен.

Упражнение 153. Какое наречие: **никогда** или **некогда** — требуется в каждом из этих предложений? Объясните свой выбор.

1. Н_когда не разговаривайте с неизвестными!
2. Мне н_когда не удавалось решить задачу с двумя неизвестными.
3. К сожалению, часто бывает н_когда написать даже короткое письмо.
4. Н_когда этот город был мощной крепостью.
5. Этот город н_когда не был столицей России.

Упражнение 154. Закончите предложения, выбрав правильный вариант.

1. Сестра уехала в дом отдыха ...
   а) на недели на две.
   б) на недели две.
   в) недели на две.

134

2. Спектакль закончится в 21 час 12 минут, то есть ...

а) в начале десятого.
б) в начале девятого.
в) в девятом часу.

3. Она проснулась сегодня в 5 часов 10 минут, то есть ...

а) в пятом часу.
б) в шестом часу.
в) не было и шести.

4. Он пришёл домой без пяти минут три, то есть ...

а) после трёх часов.
б) не было и трёх.
в) в четвёртом часу.

5. Их свадьба состоится ...

а) в первых числах мая.
б) в первых днях мая.
в) в первые числа мая.

6. Позвони мне ...

а) между три и четыре.
б) между тремя и четырьмя.
в) между трёх и четырёх.

7. Они уже ... поженились.

а) долго
б) недолго
в) давно
г) недавно

8. Уже поздно, завтра рано вставать. Ты будешь спать сегодня ...

а) долго.
б) недолго.
в) давно.
г) недавно.

9. Пушкину ... не пришлось побывать за границей.

а) никогда
б) некогда

10. Моему брату ... было съездить в отпуск.

а) никогда
б) некогда

ЧАСЫ, КОТОРЫЕ ВСЕГДА С ТОБОЙ

«Дзы-ы-ынь!» — звенит будильник: пора вставать. Но оказывается, что внутри каждого из нас есть «биологические часы», по которым живёт не только человеческий организм, но и животные и растения.

Учёные нашли даже особые гены, которые отвечают за двадцатичетырёхчасовую периодичность жизненных процессов. В течение дня изменяются все функции нашего организма:

—температура тела максимальна вечером, а минимальна — ранним утром;

—активность иммунной системы возрастает поздним вечером и падает утром;

—около трёх часов дня начинает подниматься артериальное давление;

—утренняя сигарета сужает кровеносные сосуды намного больше, чем вечерняя;

—прививки, сделанные в первой половине дня, вызывают меньше осложнений;

—днём уменьшается болевая чувствительность зубов и кожи;

—концентрация внимания у человека падает с двух до семи часов утра и с двух до пяти вечера;

—автомобильные аварии чаще всего происходят между четырьмя и половиной восьмого утра.

Давно известно, что все люди делятся на две группы — «жаворонки» и «совы».

Жаворонки встают рано, в 6–7 часов. Они работоспособны и активны в первой половине дня, часов с 3–4 их активность снижается. Жаворонки не любят по вечерам долго сидеть у телевизора. Часов в десять — в половине одиннадцатого они уже спят.

Совы встают поздно. Если их не будить, они могут спать до двенадцати, до часу дня. В первой половине дня они чувствуют себя вялыми, к вечеру их активность и работоспособность повышается. Совы предпочитают работать во второй половине дня или даже глубокой ночью. Они ложатся спать поздно, в 3–4 часа ночи.

Учёные пришли к выводу, что совы отличаются в основном спокойным характером, логическим мышлением, они меньше подвержены панике. Их качества необходимы людям «критических» профессий: космонавтам, лётчикам, пожарным, сапёрам. Зато жаворонки в большей степени готовы к восприятию новых идей.

I. Дополните предложения словами, указывающими на время.

1. ... изменяются все функции нашего организма.
2. ... начинает подниматься артериальное давление.
3. Концентрация внимания у человека падает ... .
4. Активность иммунной системы возрастает ... .
5. Температура тела максимальна ... .
6. Жаворонки работоспособны и активны ... .
7. Совы предпочитают работать ... .

II. К какой группе — «совам» или «жаворонкам» — относитесь вы? Объясните, почему вы так думаете? Интересно, подтвердит ли ваше мнение выполненный вами тест?

Этот тест предлагают психологи. Отметьте один из вариантов ответов, который подходит вам:

1. Трудно ли вам вставать рано утром?
☐ а) да, почти всегда;
☐ б) иногда;
☐ в) редко;
☐ г) очень редко.

2. Если бы вы могли выбирать, в какое время вы бы ложились спать?
☐ а) после часа ночи;
☐ б) с половины двенадцатого до часа ночи;
☐ в) с десяти часов вечера до половины двенадцатого ночи;
☐ г) до десяти часов вечера.

3. Какой завтрак вы предпочитаете утром?

☐ а) плотный;

☐ б) не очень плотный;

☐ в) варёное яйцо или бутерброд;

☐ г) только чашку чая или кофе.

4. В какое время обычно у вас происходят мелкие неприятности на работе или дома?

☐ а) в первой половине дня;

☐ б) во второй половине дня.

5. От чего бы вы могли отказаться с большей лёгкостью?

☐ а) от утреннего чая или кофе;

☐ б) от вечерней чашки чая.

6. Насколько легко вы меняете ваши привычки, связанные с приёмом пищи во время каникул или отпуска?

☐ а) очень легко;

☐ б) достаточно легко;

☐ в) трудно;

☐ г) остаются без изменения.

7. Если вам предстоит сделать важные дела рано утром, на сколько времени раньше вы ложитесь спать по сравнению с обычным распорядком?

☐ а) больше чем на 2 часа;

☐ б) на час или на два;

☐ в) меньше чем на час;

☐ г) как обычно.

8. Насколько точно вы можете оценить промежуток времени, равный минуте? Попросите кого-нибудь помочь вам проверить себя в этом.

☐ а) меньше минуты;

☐ б) больше минуты.

Обработка результатов

Варианты ответов	1	2	3	4	5	6	7	8
а)	3	3	3	1	2	0	3	0
б)	2	2	1	0	0	1	2	2
в)	1	1	2	—	—	2	1	—
г)	0	0	0	—	—	3	0	—

Вы — «жаворонок», если в сумме набрали от 0 до 7 очков.

Вы — «голубь», если ваш результат составил от 8 до 13 очков.

Вы — «сова», если у вас получилось от 14 до 20 очков.

Скажите, кого в вашей группе больше: «сов» или «жаворонков»? Какие вопросы вы зададите своим соседям по группе, чтобы выяснить это?

ВЫРАЖЕНИЕ ВРЕМЕНИ ДЕЙСТВИЯ В СЛОЖНОПОДЧИНЁННОМ ПРЕДЛОЖЕНИИ

Сложноподчинённые предложения состоят из двух частей: главной и придаточной. Эти части соединяются между собой союзами или союзными словами.

Среди сложноподчинённых выделяется группа предложений с придаточными времени. От других типов сложноподчинённых предложений они отличаются значением времени, а также использованием в них специальных союзов — союзов времени. *Было около двух часов дня,* **когда** *мы вернулись домой.* **Пока** *они искали место для парковки, магазин закрыли на обед.* **Перед тем как** *тёте приехать, у нас начались сильные морозы. Прошёл целый месяц,* **прежде чем** *появились первые листья на деревьях.* **С тех пор как** *он занимается плаванием, он перестал болеть.*

Сложноподчинённое предложение с придаточным времени сообщает о различных действиях, соотносимых во времени. Как могут соотноситься эти действия между собой?

1. Они могут проходить одновременно, в то же самое время. *Когда он начал учиться в школе, ему было около семи лет.*

2. Действие в главном предложении может предшествовать действию в придаточном. *До того как стать известным доктором, Ольга Петровна долго работала медсестрой.*

3. Действие в придаточном предложении может предшествовать действию в главном. *После того как построили новый цех, завод увеличил выпуск продукции.*

Рассмотрим сначала сложноподчинённые предложения, в которых говорится о действиях, происходящих одновременно.

ВЫРАЖЕНИЕ ОДНОВРЕМЕННОСТИ ДЕЙСТВИЙ

Два действия, о которых говорится в предложении, могут происходить одновременно, в то же самое время. При этом одновременность действий может быть полной или частичной.

Действия в главном и придаточном предложениях при их полной одновременности совпадают во времени, происходят в то же самое время. *Когда мы возвращались из театра, мы всю дорогу говорили о спектакле.* При частичной одновременности действия совпадают не полностью: одно из них — более длительное, другое — краткое. Краткое действие происходит на фоне длительного. *Мы уже спали, когда позвонил брат.*

Для выражения одновременности действий используются следующие союзы: **когда**, **пока**, **в то время как**, **по мере того как**.

Союз КОГДА (ТО)

Это наиболее распространённый и стилистически нейтральный союз. Он используется:

1) при сообщении о двух действиях, полностью совпадающих во времени. Обратите внимание, что в таких предложениях употребляются только глаголы несовершенного вида, чтобы передать полную одновременность действий. *Когда шёл урок, в классе было тихо. Все стояли, когда звучал гимн;*

2) при сообщении о продолжительном действии, во время которого происходит другое, менее длительное действие, чтобы передать их частичную одновременность. Продолжительное действие выражается глаголом несовершенного, а законченное действие — глаголом совершенного вида. *Когда я **учился** в первом классе, со мной **произошёл** интересный случай. Дети уже **будут спать**, когда мы **вернёмся** домой.*

Если в предложении идёт речь о повторяющихся действиях, то и в главной и в придаточной частях используются глаголы несовершенного вида. *Когда он **шёл** на работу, он всегда **покупал** свежие газеты.*

Если главное предложение стоит после придаточного, в нём может использоваться частица **то**, которая указывает на границу между главным и придаточным предложениями. *Когда по телевизору показывали футбол, **то** наша кошка внимательно следила за мячом.*

Союз ПОКА

Этот союз чаще используется для выражения полной одновременности действий, чтобы подчеркнуть при этом конечный момент их совпадения. Действие главной части ограничено временем действия в зависимой части предложения. *Пока я живу, я надеюсь.*

Союз **пока** может указывать на сопоставление действий в главном и придаточном предложениях, если в них использованы разные субъекты. *Пока родители делали покупки в магазине, дети играли в детской комнате* (родители — дети). *Пока она готовила ужин, он смотрел телевизор* (он — она).

В предложениях с союзом **пока** употребляются глаголы несовершенного вида, если действия, о которых говорится в главной и придаточной частях, полностью совпадают во времени. *Пока студенты **работали** над тестом, преподаватель **проверял** их домашнее задание.*

Если действие, о котором говорится в главной части предложения, не полностью, а лишь частично совпадает с действием придаточной части, то в главной используется глагол совершенного, а в придаточной — несовершенного вида. *Пока студенты **работали** над тестом, преподаватель **проверил** их домашнее задание.*

Союз В ТО ВРЕМЯ КАК

Союз **в то время как** указывает на одновременность и на сопоставление двух несходных действий в сложноподчинённом предложении. Этот союз является синонимом союза **пока** и имеет книжный оттенок. *В то время как она заканчивала школу, он служил в армии. В то время как на севере уже выпал снег, на юге ещё продолжаются полевые работы.*

При полной одновременности действий употребляются глаголы несовершенного вида. *В то время как взрослые **готовили** ужин, дети **украшали** ёлку.* Реже одновременные действия могут передаваться глаголами совершенного вида, если в предложении речь идёт о законченных действиях. *В то время как взрослые **приготовили** праздничный стол, дети **украсили** ёлку.* При частичной одновременности действия передаются глаголами совершенного (для главного) и несовершенного вида (для придаточного предложения). *В то время как взрослые **готовили** ужин, дети **украсили** ёлку.*

Союз ПО МЕРЕ ТОГО КАК

Союз **по мере того как** употребляется при сопоставлении двух сходных по интенсивности действий. Этот союз указывает на то, что оба действия зависят друг от друга и развиваются пропорционально, в одном темпе. Часто в главном предложении используются наречия в сравнительной степени, чтобы усилить значение развивающегося действия. Союз **по мере того как** — принадлежность книжной речи. В обеих частях предложения с союзом **по мере того как** используются глаголы несовершенного вида. *По мере того как **приближалась** зима, **становилось** всё холоднее и холоднее.*

Упражнение 155. Прочитайте предложения. Укажите, в каких предложениях действия полностью совпадают во времени, а в каких — только частично? Определите вид глаголов.

1. Когда он здоровался со мной, он глядел на меня печальными глазами.
2. Мы вернулись домой, когда заходило солнце.
3. Ночью на дороге, когда мы ехали домой, мы увидели аварию.
4. Я хорошо видел свет в её окне, пока шёл двором.
5. Когда она ехала в поезде, она познакомилась со своим будущим мужем.
6. Пока шёл дождь, мы сидели в кафе.
7. Пока мы обедали, брат успел написать письмо.
8. Пока ты спал, приходил твой новый знакомый и принёс этот чемодан.

Упражнение 156. Замените союз **когда** союзом **пока**, или наоборот, где это возможно. Как изменяется при этом смысл предложения? В каких случаях эта замена невозможна?

1. Когда дети будут спать, мать сделает всю работу по дому.
2. Пока наш коллега болел, мы выполняли его обязанности.
3. Когда она пела, он забывал обо всём на свете.
4. Пока она пела, он незаметно вышел из комнаты.
5. Её жених был тяжело ранен, когда служил в армии.
6. Пока я живу, мои любимые книги будут всегда со мной.
7. Когда звонил телефон, наш попугай начинал кричать.
8. Пока я думал, что ответить отцу, зазвонил телефон.

Упражнение 157. Выберите глагол нужного вида. Укажите, где можно использовать глаголы обоих видов. Объясните, как соотносятся действия в этих предложениях во времени.

1. Мы уже почти спали, когда ... телефон.	звонил / зазвонил
2. Пока он ... вверх по лестнице, он изменил своё решение.	поднимался / поднялся
3. Каждый раз, когда на улице шёл дождь, в нашем доме ... уютно и тепло.	становилось / стало
4. Пока я слушал концерт Рахманинова, я ... себе нашу деревенскую церковь, цветущий луг и шум ветра в лесу.	представлял / представил
5. Когда она смотрела по телевизору новости о лесных пожарах, она ... , что забыла дома выключить утюг.	вспоминала / вспомнила
6. Зайди за хлебом, пожалуйста, когда ... мимо булочной.	будешь проходить / пройдёшь
7. Пока бабушка готовила обед, внучка ... всю посуду.	мыла / вымыла
8. Ты уже будешь далеко отсюда, когда я ... домой.	возвращаюсь / вернусь

Упражнение 158. Закончите предложения так, чтобы передать а) полную одновременность действий и б) частичную одновременность действий.

Образец:

Пока шёл фильм... — Пока шёл фильм, бабушка **спала** в кресле. Пока шёл фильм, бабушка **заснула** в кресле.

1. Пока шёл дождь ... .
2. Пока она сидела с ребёнком ... .
3. Когда он сидел в тюрьме ... .
4. Пока он думал, что сказать ... .

5. Когда он переводил текст ... .

6. Пока мы изучали творчество Пушкина ... .

7. Когда мы делали это упражнение ... .

Упражнение 159. Составьте из двух простых предложений одно сложноподчинённое с придаточным времени. Употребите союзы **когда** или **пока**.

1. Вечером я шёл в театр. Недалеко от Театральной площади я встретил нашу преподавательницу.

2. Я шёл в театр. Всю дорогу за мной бежала большая собака.

3. Мы подходили к дому. Мы услышали сирену пожарной машины.

4. Мы подходили к дому. Стало темно.

5. Актёры уже готовились к премьере. Неожиданно приехал новый режиссёр.

6. Актёры готовились к премьере. Рабочие строили на сцене декорации.

7. Меня не было в этом городе. Этот город очень изменился.

8. Меня не было в этом городе. Там произошло землетрясение.

Упражнение 160. Что вы скажете, если...

1) вы обещаете другу зайти на почту по дороге в университет и купить ему конверты и марки;

2) вы думаете, что в гостях у школьного друга вы увидите свою старую подругу;

3) вы надеетесь во время путешествия по городам Русского Севера узнать много интересного об истории северных народов;

4) вы рассчитываете завести много новых друзей за время вашего пребывания в России;

5) вы мечтаете посетить Красную площадь во время вашей поездки в Москву;

6) вашего соседа не было дома, а к нему приходила какая-то девушка;

7) вы работали за компьютером, но не могли закончить работу, потому что всё время отключалось электричество.

Упражнение 161. Прочитайте предложения. Везде ли возможна замена союза **пока** союзами **когда** и **в то время как**?

1. Миша прочитал много книг и журналов, пока болел.
2. Пока мы были в Париже, студенты из другой группы отдыхали в Сочи.
3. Что она говорила, пока меня не было в комнате?
4. Пока Игорь рассказывает, подумайте, какие вопросы вы зададите ему после его выступления.
5. Пока он думал, что ответить, он забыл вопрос.
6. Пока мы помним человека, он живёт в нашем сердце.
7. Пока она смотрела новости о России, она вспомнила, что забыла позвонить своему другу в Москву.
8. Мне нужно записать номер телефона, пока я его помню.

Упражнение 162. Соедините простые предложения из левой и правой колонок в одно сложноподчинённое предложение с придаточным времени при помощи союзов **когда**, **пока** или **в то время как**.

Мы ехали на дачу.	Мы не встретили на дороге ни одной машины.
Дипломаты обеих стран ведут переговоры о мире.	Военные действия продолжаются.
Мы стояли в автомобильных пробках в центре города.	Они быстро доехали до университета на метро.
Её подруги вышли замуж и разъехались по городам.	Она по-прежнему живёт одна.
Он размышлял, стоит ли ему жениться или нет.	Она вышла замуж за другого.
Самолёт президента приземлялся в Шереметьеве.	Журналисты ждали его на лётном поле.
В Австралии лето.	У нас зима.
В России ночь.	В Америке день.

Упражнение 163. Соедините два простых предложения в одно сложноподчинённое с придаточным времени с союзом **по мере того как**. Обратите внимание на то, какое действие является главным, а какое — зависимым.

1. Солнце поднималось всё выше. День становился теплее и теплее.
2. Перед нами открывался горизонт. Мы поднимались в гору.
3. Температура растёт. Давление газа увеличивается.
4. Листья опадают. Парк становится прозрачнее.
5. Всё чаще встречались многоэтажные дома. Мы подъезжали к центру города.
6. Жизненный уровень стабилизируется. Реформы осуществляются.
7. Выборы в парламент приближаются. Поток рекламы увеличивается.
8. Растёт объём торговли. Отношения между нашими странами укрепляются.

Упражнение 164. Закончите предложения, используя союз **по мере того как**.

1. Зима приближается … .
2. Погода ухудшается … .
3. Климат изменяется … .
4. Он становится старше … .
5. Ситуация стабилизируется … .
6. Моё мнение о нём изменялось … .
7. Мы всё больше понимали друг друга … .
8. Люди начинают серьёзнее относиться к своему здоровью … .

Упражнение 165. Придумайте подходящие ответы на эти вопросы или восклицания. Используйте конструкции времени с союзами **когда**, **пока**, **в то время как**, **по мере того как**. Разыграйте диалоги.

1. Почему ты хромаешь?
2. Ты промокла до нитки!
3. Почему так пахнет луком?

4. Почему у него такие грязные ботинки?

5. Что случилось с твоей рукой?

6. Откуда у него такой синяк?

7. Ты говоришь по-русски теперь гораздо лучше!

Упражнение 166. Прочитайте текст и скажите, какие природные объекты есть в вашем городе. Расскажите, что вы знаете об этом.

СИНИЙ КАМЕНЬ

В маленьком городе Переславле Залесском, на берегу Плещеева озера, лежит громадный камень, весом 12 тонн. Все называют его синим за его цвет. До сих пор многие верят, что синий камень обладает чудотворной силой — лечит от всех болезней.

Говорят, что 2000 лет назад этот камень находился на вершине горы и языческие племена поклонялись ему веками. Даже когда Русь приняла христианство и православная церковь начала убеждать людей, что в синем камне живёт нечистая сила, люди продолжали тайно верить в его чудесные свойства.

Тогда церковь пошла на радикальные меры: сначала камень сбросили с горы, а потом закопали в глубокую яму. Спустя несколько лет рыбаки, ловившие рыбу на берегу озера, снова увидели синий камень. Он лежал на своём привычном месте.

Через 100 лет камень решили положить в фундамент новой церкви. Чтобы перетащить его к месту строительства, дождались зимы. Когда озеро покрылось толстым льдом, камень потащили на специальных санях. Но лёд проломился, и камень упал на дно озера, на глубину 5 метров.

Все подумали тогда, что навсегда. Но прошло 40 лет, и камень выполз из воды на своё старое место.

С тех пор камень лежит у горы, а вокруг него всегда много туристов.

Упражнение 167. Закончите предложения, выбрав правильный вариант.

1. ... наступала зима, улицы становились белыми от снега.
   а) Когда
   б) Пока

2. ... шёл дождь, мы стояли под крышей дома.
   а) Когда
   б) Пока

3. Она сломала ногу, ... возвращалась домой с тренировки.
   а) когда
   б) пока

4. Каждый раз, ... играла музыка, в центр зала выходили танцующие пары.
   а) когда
   б) пока

5. ... пассажиры приходили в себя после аварии, доктор успел осмотреть всех.
   а) Когда
   б) Пока

6. Я уже закрывал дверь, когда ... телефон.
   а) звонил
   б) зазвонил

7. Пока она ... русский язык, она освоила и методику его преподавания.
   а) изучала
   б) изучила

8. Когда он ... на урок, он придумывал новую причину.
   а) опаздывал
   б) опоздал

9. ... приближалась гроза, ветер становился всё сильнее.
   а) В то время как
   б) По мере того как

10. ... на юге уже цветут деревья, на севере всё ещё лежит снег.
    а) В то время как
    б) По мере того как

ИМЯ И ВРЕМЯ

Современное полное имя русского человека, например Иван Петрович Кузнецов, состоит из трёх частей: из самого имени, отчества и фамилии. В каждом из этих компонентов также запечатлелось время.

Из летописей известно, что в древние времена на Руси использовались общеславянские имена: Ярослав, Людмила, Владимир, Всеволод, Мстислав, а также имена, которые пришли на Русь с варягами: Олег, Ольга.

До принятия христианства русские воспринимали свои имена как «второе я» и верили, что если недобрый, чужой человек знает имя их ребёнка, он может принести ему вред, зло, «сглаз». Настоящее имя могли знать только родные, близкие родственники, поэтому ребёнку давали «обманное», защитное имя, которое не могло вызвать зависти у чужих, потому что совпадало с названием обычного предмета, овоща, животного: Горшок, Ложка, Репа, Горох, Баран, Пёс — или имело отрицательную семантику: Некрас(а), Ненаш(а), Нехорош(а), Дурень, Мал, Плакса.

С христианством русские приняли и систему имён христианских святых: Пётр, Павел, Георгий, Константин, Василий, Анна, Елена, Екатерина, Софья и многие другие. При крещении ребёнку давали имя согласно специальным календарям, которые содержали имена святых на каждый день. Наиболее любимыми стали в России, как и в других христианских странах, имена Иван и Марья. В конце девятнадцатого века четверть всех мужчин, живших в России, носили имя Иван.

По мере того как укреплялось христианство, в календарях росло количество имён святых. К 1916 году там содержалось 863 мужских имени и 232 женских.

* * *

В двадцатые годы двадцатого века, после Октябрьской революции, появились новые имена: Волна, Герой, Гений и даже Революция, Баррикада, Тракторина. С модой на аббревиатуры родились такие имена, как Рэм (революция + электрификация + механизация), Марлен (Маркс + Ленин), Ревмира (революция мира).

В то время как в столицах гуляли передовые идеи, многие люди в провинции продолжали придерживаться традиций, крестили своих детей и давали им обычные христианские имена.

Замечено, что в разные периоды модны разные имена. Так, к середине прошлого века наиболее часто детей стали называть Александрами, Алексеями, Андреями, Дмитриями, Владимирами, Николаями, Сергеями, Еленами, Иринами, Натальями, Ольгами, Татьянами, Светланами. В девяностые годы появилась мода на такие имена, как Данила, Филипп, Гаврила, Архип, Дарья, Евдокия, Марфа, Фёкла, Ульяна.

Отчества появились сначала только у представителей высших классов общества: *боярин князь Юрий Алексеевич Долгоруков*. Но по мере того как крепло Российское государство и развивались социальные отношения, укреплялась и позиция отчества: уже при Петре Первом отчества становятся обязательными во всех документах.

Отчество образуется с помощью суффиксов *-ович, -евич* для мужчин и с суффиксами *-овна, -евна* для женщин. Отчество указывает на близкое родство: *Николаевич* значит *сын Николая, Николаевна — дочь Николая*.

* * *

В старых документах встречаются различные способы обозначения лиц. Иногда это только имя, иногда рядом с именем указывается занятие: *Ивашка Пастух, Фёдор Мельник*, иногда имя отца: *Афоня Иванов сын*, а нередко и прозвище: *Степан Бык, Игнат Голубь*.

С древних времён людям давали прозвища: по внешнему виду — *Рыжий, Горбун*; по черте характера — *Буян, Тихоня*; по роду занятий — *Швец, Рыбак*; по социальному положению — *Боярин, Богач*. Многие прозвища постепенно превращались в фамилии: *Быков, Рыжов, Горбунов, Боярский* и другие.

В Петровскую эпоху у русских появляются и фамилии как обозначение «семейного имени».

Фамилии образуются от имён существительных с помощью суффиксов *-ов, -ев, -ин, -ын, -ск(ий)*: Орлов, Медведев, Сорокин, Птицын, Загорский.

В современных фамилиях сохраняются все структурные типы, возникшие несколько веков назад: преобладают фамилии на *-ов / -ев*, меньше фамилий на *-ин / -ын*. Фамилии на *-енко* более типичны для Украины, на *-ич / -ович* — для Белоруссии и Польши. Есть фамилии, имеющие формы прилагательных (Красный, Чайковский), и просто существительные без суффиксов: Рог, Жук, Гриб и другие.

I. Знаете ли вы полные, трёхкомпонентные имена своих русских друзей, знакомых, преподавателей? Приведите примеры современных русских фамилий разных структурных типов (на -ов / -ев, -ин / -ын и другие). Можете ли вы сказать, от каких слов они образованы?

II. Образуйте отчество от имени своего отца по типу русских отчеств. Употребите его вместе со своим первым полным именем и представьтесь своим друзьям по группе.

III. Найдите в тексте сложноподчинённые предложения с придаточными времени. Какие союзы в них используются? Подберите синонимы к этим предложениям.

IV. Дополните предложения, используя конструкции времени:

1. ... русские приняли и систему имён христианских святых.

2. ... в календарях росло количество имён христианских святых.

3. ... мода на имена изменилась, особенно в столицах.

4. ... в провинции детям продолжали давать христианские имена.

5. ... отчества становятся обязательным компонентом полного имени.

6. ... прозвища превращаются в фамилии.

V. Найдите в тексте ответы на вопросы.

1. Какие имена использовали русские до принятия христианства?
2. Что такое «защитное имя»?
3. Как изменилась система русских имён с принятием христианства?
4. Какие имена появились в России после Октябрьской революции?
5. У кого на Руси сначала появились отчества и когда они стали обязательными для всех?
6. Что служило основой для образования фамилии?

ВЫРАЖЕНИЕ ПОСЛЕДОВАТЕЛЬНОСТИ ДЕЙСТВИЙ

При последовательности действий в сложноподчинённом предложении с придаточным времени могут быть 2 варианта.

1. Действие в главном предложении идёт перед действием в придаточном.

2. Действие в главном предложении идёт после действия в придаточном.

Действие в главном предложении предшествует действию в придаточном предложении. Значение предшествования

Значение предшествования выражается при помощи следующих союзов: **до того как, перед тем как**, **прежде (раньше) чем**, **пока не (до тех пор пока не)**, **как вдруг**. Каждый из этих союзов вносит в предложение своё особенное значение.

Союз ДО ТОГО КАК

Этот союз используется в сложном предложении, в котором между двумя действиями есть какой-то временной интервал. Указание на этот интервал передаётся словами: **задолго**, **незадолго**, **за месяц**, **за час**, **ещё**, **уже** и др. *За год до того как их сын пошёл в школу, он научился читать и писать. Ещё до того как он сказал матери о своей поездке, она уже всё знала.*

Союз ПЕРЕД ТЕМ КАК

Этот союз используется в предложении, когда надо показать, что действие в главном идёт непосредственно перед действием в придаточном, поэтому часто вместе с этим союзом используются слова: **прямо**, **как раз**, **в последний момент**, **непосредственно** и др. *Прямо перед тем как самолёт приземлился, начался дождь. Мы познакомились с ним как раз перед тем как он уехал.*

Союзы ПРЕЖДЕ ЧЕМ и РАНЬШЕ ЧЕМ

Союзы **прежде чем** и **раньше чем** являются синонимами союзов **до того как** и **перед тем как**, однако они не указывают на длительность временного интервала между действиями главной и придаточной частей предложения. *Перед тем как войти, он постучал в дверь. — Прежде чем войти, он постучал в дверь. До того как поступить в университет, мой брат служил в армии. — Прежде чем поступить в университет, мой брат служил в армии.*

Союз **раньше чем**, имеющий то же самое значение, что и союз **прежде чем**, употребляется редко, чаще всего в художественной литературе. *Раньше чем ужинать и отдыхать, накормите лошадей.*

В некоторых случаях союз **прежде чем** (**раньше чем**) нельзя заменить союзами **до того как** и **перед тем как**:

1. Действие в главном предложении опережает, а иногда и предотвращает действие в придаточном предложении. В таких предложениях часто вместе с союзом используется глагол **успеть**. *Она ушла, прежде чем он успел сказать ей, что он любит её.*

2. В главном предложении есть объяснение, почему не стоит совершать действие, указанное в придаточной части. *Прежде чем осуждать его, ты должен понять, какой трудной была его жизнь.*

3. В главном предложении говорится, что сначала необходимо выполнить действие, указанное в придаточной части. *Прежде чем покупать билет на самолёт, надо оформить визу.*

В сложных предложениях с союзами *до того как*, *перед тем как* и *прежде чем* действие главной части может быть выражено глаголами прошедшего или будущего времени совершенного и несовершенного вида. *До того как он сыграл первую роль в кино, он много играл в театре. До того как он сыграл первую роль в кино, он сыграл эту роль в театре. До того как он сыграет первую роль в кино, он будет много играть в театре. До того как он сыграет первую роль в кино, он сыграет эту роль в театре.*

Если субъектом действия главной и придаточной частей предложения с союзами **перед тем как, прежде чем** и **раньше чем** является то же самое лицо, то в придаточной части используется инфинитив. Например: *Перед тем как встать, она долго лежала в постели и думала. Прежде чем войти, он постучал в дверь.*

Интересно, что в придаточной части может употребляться инфинитив, если даже субъекты в главной и придаточной частях разные. Для этого с инфинитивом в придаточной части надо использовать дательный падеж существительного или местоимения. Например: *Перед тем как ему войти, она долго сидела и думала.*

Обычно инфинитив стоит в форме совершенного вида, так как обозначает законченное действие, но может быть и несовершенного вида, если речь идёт о начале длительного действия или если предложение содержит совет, нравоучение или рекомендацию. *Перед тем как выполнять домашнюю работу, надо повторить всё, что изучили на этом уроке. Прежде чем писать роман о судьбе путешественника, он сам обошёл всю страну пешком. Прежде чем сообщать ему эту новость, подумай, какой может быть его реакция. Прежде чем обращаться за помощью, попробуй сначала сам сделать всё необходимое.*

Упражнение 168. Прочитайте предложения. Всегда ли можно заменить союз **до того как** союзом **перед тем как** и наоборот? Почему?

1. До того как пойти в библиотеку, я позвонил и узнал о времени её работы.
2. Перед тем как прыгнуть в воду, я остановился.
3. До того как студенты впервые приехали в Россию, они никогда раньше не жили в общежитии.
4. Перед тем как выйти из дома, по русскому обычаю мы посидели молча минуту.
5. Я прочитал все книги этого писателя ещё до того, как он стал лауреатом Нобелевской премии.
6. Перед тем как переехать в Москву, он жил в Петербурге.
7. Перед тем как выйти из дома, она проверила ещё раз, выключила ли она все электроприборы.
8. Перед тем как лечь спать, он принял таблетку снотворного.

Упражнение 169. Какой союз: **до того как** или **перед тем как** — более уместен в каждом из этих предложений? Обоснуйте свой выбор.

1. ... приехать с дипломатической миссией в Россию, он учился в Америке.
2. ... поехать в консульство за визой, я позвонил туда.
3. Наша семья жила в Казахстане, ... началась перестройка в Советском Союзе.
4. Давайте ещё раз обсудим все детали вашей поездки, ... мы примем решение.
5. ... идти на экзамен, я ещё раз повторил весь материал.
6. ... отправляться в дальнее путешествие, необходимо разработать его маршрут и хорошо подготовиться.
7. ... уйти, он поцеловал её.

Упражнение 170. Прочитайте предложения и укажите, какие значения в них имеет союз **прежде чем**. Скажите, в каких случаях невозможна его замена другими союзами. С чем это связано? Если замена возможна, сделайте её.

1. Прежде чем сказать нам о своём решении, он написал письмо брату.
2. Он извинился прежде чем вышел из комнаты.
3. Она нежно обняла его, прежде чем он понял, что случилось.
4. Какие осторожные птицы! Каждый раз они улетают, прежде чем я успеваю подойти к ним.
5. Надо самому что-то знать, прежде чем учить других.
6. Прежде чем брать в руки оружие, надо хорошенько подумать, стоит ли это делать.
7. Иногда, прежде чем ругать детей, надо вспомнить себя в их возрасте.
8. Прежде чем объяснять новый материал, нужно понять, знают ли студенты старый.
9. Прежде чем путешествовать, нужно хорошо изучить маршрут.

Упражнение 171. Чего требуют правила хорошего тона и здравый смысл? Составьте предложения с союзом **прежде чем**, используя следующие глаголы. Добавьте свои примеры.

сказать — подумать

сесть за стол — вымыть руки

поблагодарить хозяев — выйти из-за стола

принять решение — обсудить

попрощаться — уйти

отрезать — отмерить

Упражнение 172. Составьте из двух предложений одно сложноподчинённое, используя подходящий союз **до того как**, **перед тем как** или **прежде (раньше) чем**. В каких случаях в придаточной части нельзя употребить инфинитив?

О б р а з е ц :

Раньше он был инженером. Теперь он стал корреспондентом. — До того как стать корреспондентом, он был инженером.

1. Сначала он рассказал нам о своих впечатлениях от поездки в Израиль. Потом он написал интересную книгу об этом.
2. Сначала нужно хорошо подготовиться к выступлению. После этого можно выступать перед большой и незнакомой аудиторией.
3. Скоро начнутся каникулы. Мы должны сдать экзамены.
4. Она постучала в дверь. Потом она вошла.
5. Он долго думал. Потом он аккуратно написал первую букву.
6. Она расплатилась с шофёром. Потом она вышла из такси.
7. Он проснулся. Будильник прозвенел позднее.

Упражнение 173. Употребите глаголы нужного вида в правильной форме. Где возможно, используйте глаголы прошедшего и будущего времени.

1. До того как мои друзья ... ко мне, я должен ... обед.	приходить / прийти готовить / приготовить
2. Прежде чем он ... с работы, он ... в порядок все бумаги на своём столе.	уходить / уйти приводить / привести

3. Они ... , до того как ... солнце.	вставать / встать всходить / взойти
4. Прежде чем ... , надо	отвечать / ответить думать / подумать
5. Перед тем как я ... решение, я ... все «за» и «против».	принимать / принять взвешивать / взвесить
6. Прежде чем ... эту задачу, нужно ... формулу в математическом справочнике.	решать / решить находить / найти
7. Прежде чем ... других, ... сам.	учить / научить учиться / научиться

Упражнение 174. Замените выделенные глаголы соответствующим инфинитивом. В каких случаях при этом необходимо использовать дательный падеж существительного или личного местоимения, обозначающего субъект предложения? От чего это зависит?

1. Перед тем как наш прадед **ушёл** в армию, началась Первая мировая война.
2. Перед тем как он **ушёл** в армию, он женился.
3. До того как **пришло** это письмо, мы все жили спокойно.
4. До того как мы **получили** это письмо, мы ничего не знали.
5. Прежде чем мы **купили** машину сыну, он **получил** водительские права.
6. Прежде чем мы **купили** новую машину, мы **приобрели** гараж.

Упражнение 175. Составьте сложноподчинённые предложения с придаточными времени, используя в качестве главной части следующие предложения.

1. ... проверьте правильность адреса.
2. ... убедитесь, что за дверью стоит ваш знакомый.
3. ... посмотрите, зарядили ли вы телефон.

4. ... надо хорошенько изучить жизнь.

5. ... нужно приготовить все необходимые овощи.

6. ... надо съесть с ним пуд соли.

Упражнение 176. Закончите предложения, дописав необходимую информацию о себе. Затем при обсуждении в группе постарайтесь отгадать варианты ваших друзей.

1. Первое, что я делаю всегда, когда просыпаюсь утром, ...

2. Перед тем как лечь спать, я обычно ... .

3. До того как я сяду за выполнение домашней работы, я всегда ... .

4. Прежде чем отправить письмо, я обычно ... .

5. Я не звоню домой, пока не ... .

6. Перед приходом гостей я ... .

7. Прежде чем пойти на экзамен, я всегда ... .

Упражнение 177. Что, по-вашему, необходимо сделать, прежде чем ...

1) начинать деловые переговоры с какой-либо фирмой?

2) подписывать какой-либо документ?

3) заключать договор с кем-либо?

4) брать человека на работу?

5) вкладывать деньги куда-либо?

6) начинать свой бизнес?

Упражнение 178. Расскажите, используя ваш жизненный опыт:

1) как приготовить борщ;

2) как подготовиться к дальнему путешествию;

3) как не ошибиться в выборе мужа (или жены);

4) как лучше подготовиться к экзамену;

5) как выбрать подарок другу.

Не забудьте использовать сложноподчинённые предложения с придаточными времени!

Союзы *ПОКА НЕ* и *ДО ТЕХ ПОР ПОКА НЕ*

Эти союзы используются в предложениях, где действие главной части продолжается только до момента наступления действия придаточной части. Действие зависимой части ограничивает, останавливает, прерывает или завершает действие главной части. *Мы сидели дома, **пока не** кончился дождь.*

 Частица **не** в этих союзах является частью самого союза и не имеет отрицательного значения — это очень важно!

Частица **не** всегда стоит перед глаголом придаточной части, но может быть отделена от союза **пока** словом (словами), обозначающими субъект предложения. *Он спал, **пока его новая знакомая** не позвонила ему.* Обычно в предложениях с этим союзом глагол главной части — несовершенного вида, так как действие в главном предложении продолжается до начала действия в придаточном. В придаточной части обычно употребляется глагол совершенного вида. Например: *Они **шли** молча, пока не **вышли** из леса в поле. Они **шли** молча, до тех пор пока не **увидели** дом лесника.*

Если в главной части предикат является императивом или инфинитивом с модальными словами, то в придаточном предложении с союзом **пока не** надо использовать глаголы совершенного вида (прошедшего или будущего времени); при союзе **пока** употребляется глагол настоящего времени. *Возьми (Можешь взять) мой словарь, пока не **купишь** свой. Возьми (Можешь взять) мой словарь, пока ты **готовишься** к экзамену.*

Если речь идёт о регулярных, повторяющихся действиях, то в главной и придаточной частях предложений с союзами **пока не** и **до тех пока не** используются глаголы несовершенного вида. Часто в главной части употребляются слова **обычно**, **всегда**, **каждый раз**, **часто**, **иногда**, **бывало** и др., указывающие на повторяемость или регулярность действия. *Обычно во время перемены все дети **бегали** и **кричали**, пока в класс не **входил** учитель.*

Упражнение 179. Сравните предложения в левой и правой колонках. Обратите внимание на употребление союзов **пока** и **пока не**. Какого вида глаголы использованы в этих предложениях и почему?

1. Моя сестра делала домашнюю работу, **пока** я читала книгу.

Моя сестра сидела в библиотеке, **пока не** дочитала книгу до конца.

2. **Пока** мы открывали окно, кошка выбежала на балкон.

Пока мы **не** открыли окно, в комнате было очень душно.

3. Кто-то угнал их машину, **пока** они покупали продукты на рынке.

Они ездили на городском транспорте, **пока не** купили новую машину.

4. **Пока** мы договаривались о встрече по телефону, пошёл дождь и погода испортилась.

Пока стороны **не** договорились о прекращении огня, бессмысленно подписывать мирный договор.

Упражнение 180. Вставьте глагол нужного вида в нужной форме.

1. Не говори ему о моём приезде, пока он сам не ... об этом.	спрашивать / спросить
2. Пока мой приятель ... у прохожих, как пройти к вокзалу, я сам нашёл дорогу.	спрашивать / спросить
3. Пока мы шли до кабинета директора, мальчишка ... прощения за разбитое окно.	просить / попросить
4. Не кормите собаку, пока она сама не ... есть.	просить / попросить
5. Между нами были холодные отношения до тех пор, пока он не ... передо мной.	извиняться / извиниться
6. Пока он ... передо мной, дверь закрылась и лифт уехал.	извиняться / извиниться
7. День рождения продолжается до тех пор, пока ты не ... последнее поздравление.	получать / получить
8. Мы рассматривали рекламные проспекты, пока наша гостья ... деньги в банке.	получать / получить

⚓ Упражнение 181. Какой из союзов пропущен в каждом из этих предложений: **пока** или **пока не**? Восстановите предложения, используя соответствующий союз. Обратите внимание на порядок слов в придаточном предложении и при необходимости измените его.

1. Всю ночь мы сидели на кухне и говорили, ... рассвет наступил.
2. Мы познакомились через Интернет и не видели друг друга, ... мой друг приехал ко мне в гости.
3. Мать ждала своего сына с войны много лет, ... у неё была надежда, что он вернётся.
4. Мы стояли на перроне и махали руками, ... поезд скрылся на повороте.
5. Я думал о чём-то, ... преподаватель объяснял нам новый материал по грамматике.
6. Публика постепенно успокоилась, ... музыканты настраивали инструменты.
7. После концерта слушатели хлопали стоя, ... оркестранты снова вышли на сцену.
8. Её муж сидел в тюрьме, ... объявили амнистию.

Упражнение 182. Как сказать иначе, сохраняя основной смысл высказываний и используя союз **пока не** вместо союза **пока**?

Образец:

Она читала у окна, пока было светло. — Она читала у окна, пока не стало темно.

1. Мы жили на даче, пока было тепло.
2. Она сидела за столом, пока писала сочинение.
3. Родители не говорили сыну, что он приёмный, пока он был маленький.
4. Ты не можешь найти хорошую работу, пока ты учишься в университете.
5. В их доме был мир и порядок, пока родители были живы.
6. Полицейский сомневался в моей невиновности, пока шёл обыск.

7. Пока в доме были гости, детям не разрешали выходить в гостиную.

Упражнение 183. Дополните предложения придаточными времени с союзами пока и пока не.

1. Родители очень беспокоились обо мне, ...
2. Я доверял этому человеку, ...
3. Театр не умрёт, ...
4. Вы не уйдёте, ... ?
5. Ты можешь пользоваться словарём, ...
6. Надо дочитать письмо, ...
7. Отдохните, ...
8. Подожди, пожалуйста, ...

Упражнение 184. Замените союз пока союзом пока не, а союз пока не — союзом пока, сохраняя при этом основной смысл высказываний.

Образец:

—Отдохните здесь, пока не закончился семинар. —Отдохните здесь, пока идёт семинар.

1. Давай посидим в этом кафе, пока не пришёл автобус.
2. Давайте погуляем немного, пока меняют шину у автомобиля.
3. Посмотрите журналы, пока директор занят.
4. Посидите в этом кресле, пока не закончилась встреча.
5. Хотите посмотреть новости по телевизору, пока не началось собрание?
6. Не хотите ли вы послушать музыку, пока гости собираются?
7. Не хотите ли вы выпить чего-нибудь, пока не принесли обед?

Упражнение 185. Напишите рекомендации, исходя из своего опыта, как можно быстро запомнить много новых иностранных слов. В своих рекомендациях используйте союзы до того как, перед тем как, прежде чем, пока, пока не.

Союзы КАК ВДРУГ и КАК

Эти союзы используются в разговорной речи, когда надо подчеркнуть внезапность, неожиданность, немотивированность последующего действия или прерванность предыдущего действия. В предложениях с союзами **как вдруг** и **как** на первом месте всегда стоит главное предложение.

В конструкциях с союзом **как вдруг** глагол главной части обозначает намерение совершить какое-то действие или прерванное действие и стоит в форме несовершенного и совершенного вида, глагол придаточной части — совершенного вида, он называет действие, которое помешало осуществить намерение. *Я уже **засыпал**, как вдруг **услышал** телефонный звонок. Я уже **заснул**, как вдруг **услышал** телефонный звонок.* Иногда, чтобы подчеркнуть внезапную прерванность действия, в таких предложениях используется частица **было**. *Я уже **было заснул**, как вдруг услышал телефонный звонок.*

Предложения с союзом **как** указывают на действие, которое не успело закончиться из-за начала другого действия, поэтому в первой части таких предложений используется глагол совершенного вида прошедшего времени с частицей **не**, а также слова с ограничительным значением меры или предела: *не успела она оглянуться*, *не сказал он и слова*, *не выпил он и одного стакана*, *не проехали мы и ста метров*, *не прочитал я и пяти страниц* и т.п. *Не успела она оглянуться, как её чемодан исчез.*

 Обратите внимание на порядок слов в таких предложениях! На первом месте стоит глагол с частицей **не**, затем идёт субъект предложения, потом следуют слова с ограничительным значением меры или предела, часто с частицей **и**, после этого начинается придаточное предложение с союзом **как**. *Не проехали мы и ста метров, как начался сильный дождь.*

Предложения с союзом **как** могут передавать быструю смену действий также при помощи распространённой разговорной конструкции со словом **сто́ит** (**сто́ило**). *Сто́ило мне только позвонить ему, как он сразу же приехал.* Эта конструкция также строится по определённой схеме: главное предложение начинается с глагола **сто́ит** (**сто́ило**) + **дат. п.** существительного или личного местоимения + **инфинитив** совершенного вида, обозначающий однократное действие. Часто с глаголом **сто́ит** (**сто́ило**) употребляется частица **только**. Придаточная часть после союза часто содержит слова **сразу же**, **тут же**, указывающие на стремительную смену действий. Глагол придаточной части может быть совершенного и несовершенного вида. *Стоило ей **закрыть** глаза, как она тут же **заснула**. **Стоит** ей закрыть глаза, как она тут же **засыпает**.*

Упражнение 186. Составьте предложения, соединив соответствующие части из левой и правой колонок.

1. Мы уже было вышли из дома, ...	... как приехала скорая помощь.
2. Не успел закончиться дождь, ...	... как неожиданно поскользнулся и упал.
3. Стоило мне только позвонить, ...	... как вдруг пошёл дождь.
4. Мы уже начали было беспокоиться, ...	... как через четверть часа вы получите её.
5. Стоит вам только заказать книгу, ...	... как на небе появилась огромная радуга.
6. Не прошёл он и пяти шагов, ...	... как вдруг от неё пришло письмо.

Упражнение 187. Употребите глаголы в правильной форме. В каком предложении можно использовать глаголы обоих видов и почему?

1. Мы уже подъезжали к дому, как вдруг машина	ломаться / сломаться
2. Они не прожили вместе и двух лет, как	расходиться / разойтись
3. Стоило мне только открыть счёт в банке, как ... финансовый кризис.	начинаться / начаться
4. Не успел артист закончить арию, как ... аплодисменты.	раздаваться / раздаться
5. Я уже хотел было незаметно уйти, как вдруг бабушка ... глаза.	открывать / открыть
6. Стоило ей только вспомнить о родителях, как она ... плакать.	начинать / начать

165

Упражнение 188. Что могло остановить или прервать начатое действие? Закончите предложения, используя союз **как вдруг**.

1. Я уже собрался сесть за домашнюю работу, ...
2. Мы уже подходили к дому, ...
3. Наш самолёт уже подлетал к аэропорту, ...
4. Больной уже совсем было поправился, ...
5. Они уже собрались было вернуться назад, ...
6. Я думал, что уже совсем потерял надежду, ...
7. Мне казалось, что я всё понимаю, ...

Упражнение 189. Вставьте вместо пропуска главную часть предложения.

1. ... как вдруг послышались чьи-то шаги.
2. ... как пошёл снег.
3. ... как вдруг в дверь постучали.
4. ... как он вернулся.
5. ... как вдруг раздался выстрел.
6. ... как заиграла музыка.
7. ... как машина автоматически начнёт стирку.

Упражнение 190. Прочитайте текст. Как вы думаете, почему люди не останавливались, чтобы послушать музыку? Остановились бы вы, если бы случайно оказались там в это время?

«НЕИЗВЕСТНЫЙ» СКРИПАЧ

Январским утром на станцию метро пришёл молодой мужчина, взял в руки скрипку и начал играть. Людей в метро было много — был час пик. Прошло несколько минут, прежде чем на музыканта обратили внимание. Пожилой человек замедлил свой шаг, остановился на секунду... и пошёл дальше. Минуту спустя скрипач получил свой первый заработок: женщина бросила деньги в скрипичный футляр, который лежал у его ног, и прошла мимо. Наибольшее внимание музыканту досталось от трёхлетнего мальчика. Он остановился и смотрел на скрипача, пока мама не увела его за руку.

Никто из прохожих не знал, что скрипачом был один из лучших музыкантов в мире. Он играл прекрасные произведения на скрипке Страдивари в лучших концертных залах мира. Не знали прохожие и о том, что игра в метро была социальным экспериментом о вкусах и приоритетах современных людей. Чувствуем ли мы красоту? Остановимся ли, чтобы оценить её? Неужели темп нашей жизни делает нас слепыми и глухими?

Упражнение 191. Расскажите о каком-нибудь случае, который произошёл с вами или с кем-то из ваших знакомых. Используйте в своём рассказе предложения с союзами **до того как**, **перед тем как**, **прежде чем**, **пока**, **пока не**, **как вдруг** и **как**.

 Эта старая английская игра называется **«Алиби»**. В неё играет вся группа. Представьте себе, что совершено какое-то преступление (придумайте сами, может быть, ограблен банк, магазин, угнана машина, похищен ребёнок и т.п.). Подозреваются два человека. Найдите двух желающих играть роль подозреваемых и попросите их выйти из аудитории, чтобы они вдвоём смогли обсудить все детали и доказать своё алиби (где и когда они встретились, где и как долго они были во время преступления, кого видели и кто видел их, какая была погода, в чём они были одеты, куда ходили вместе и как долго там были). Пока они договариваются между собой, оставшиеся студенты решают, какие вопросы они зададут подозреваемым, как построят «допрос».

Подозреваемые поодиночке вызываются в аудиторию и отвечают на вопросы. Потом они допрашиваются вместе, на «очной ставке», чтобы можно было найти противоречия в их показаниях.

По тому, как они отвечают на вопросы: чётко, одинаково, логично или запутанно, противоречиво — группа решает, виновны они или нет.

Не забывайте использовать как можно больше выражений времени!

Упражнение 192. Закончите предложения, выбрав правильный вариант.

1. ... как я родился, мои родители жили в Москве.
   а) Перед тем
   б) До того

2. Она ушла, ... он успел попрощаться с ней.
   а) перед тем как
   б) прежде чем

3. Прежде чем ... , он позвонил нам.
   а) уехал
   б) уехать

4. Перед тем как ... уехать, они встретились в последний раз.
   а) он
   б) ему

5. Он не мог въехать в страну, пока ему ...
   а) выдали визу.
   б) не выдали визу.

6. Строительство нового дома продолжалось, до тех пор пока ... финансирование.
   а) не кончалось
   б) не кончилось

7. Возьми мой калькулятор, пока ты ...
   а) купишь свой.
   б) не купишь свой.

8. Я шёл медленно по парку, как вдруг чей-то крик ... меня.
   а) останавливал
   б) остановил

9. Как только самолёт ... земли, пассажиры заааплодировали.
   а) касаться
   б) коснулся
   в) касался

10. Не успела я сесть в кресло, как кошка ... мне на колени.
    а) прыгать
    б) прыгала
    в) прыгнула

В самом начале двадцатого века люди удивлялись и радовались чудесам техники, которые за короткий срок украсили и облегчили их жизнь. Возможно, они говорили: «Мы жили в каменном веке, пока не появилось электричество, радио, кино, телефон, автомобиль! Как же раньше человек мог жить без всех этих атрибутов цивилизации?!» Интересно, задумывались ли они о том, какие ещё открытия ожидали их в новом, двадцатом веке?

Прошло всего сто лет, а эти изобретения уже кажутся нам обычными, вечными. Мы так быстро привыкаем к чудесам техники, что и мобильный телефон, и микроволновую печь, и компьютер с Интернетом принимаем уже как должное. Да как же иначе, как же можно в наши дни жить, например, без скайпа или без электронной почты?!

Что же будет дальше? Трудно представить себе, до чего додумаются создатели новой техники в третьем тысячелетии, но уже сейчас можно помечтать о том, что нам действительно нужно, но чего ещё пока нет на свете.

Например, как бы нам пригодилась автоматическая гладильная машина, сделанная по образцу стиральной! Вы кладёте в неё мятую одежду, а через десять-пятнадцать минут вынимаете отглаженную. Конечно, прежде чем загрузить в машину вещь, вы устанавливаете определённый режим глажки в зависимости от материала одежды.

Курильщиков, несомненно, привлекли бы сигареты, которые прикуриваются без огня. Стоит только взять сигарету в зубы и слегка втянуть в себя воздух — и она горит! Правда, до того как начать курить, надо хорошенько подумать, стоит ли вообще это делать.

Зонтик от дождя изобретён давно. Но вспомните, сколько зонтиков вы потеряли за свою жизнь! Да и не так уж он и удобен, особенно когда во время дождя, кроме зонта, приходится нести в руках ещё и сумку, авоську или портфель. Гораздо удобнее было бы использовать небольшое устройство типа наручных часов, которое способно создавать вокруг человека водонепроницаемый щит (противодождевое силовое поле). Перед тем как в пасмурный день выйти из дома, положите это устройство в карман — и никакой ливень вам не страшен.

Теперь представьте себе, что приближается эпидемия гриппа. Как мы обычно ведём себя в такой ситуации? Стараемся меньше бывать в общественных местах, не пользуемся городским транспортом, принимаем много витаминов, иногда делаем прививки, которые не всегда и не всем помогают. Хорошо было бы изобрести такую таблетку, которая стопроцентно защищала бы от гриппа. Примешь такую таблетку заранее, до того как пришла эпидемия, и ты уже защищён! А ведь подобные таблетки могли бы применяться и против рака, и против СПИДа...

А что, по-вашему, следовало бы изобрести в ближайшее время? Какие технические новинки требуются сейчас человечеству?

I. Ответьте на вопросы.

1. Какие, по-вашему, наиболее важные бытовые приборы были изобретены в двадцатом веке? Назовите. Скажите, что нужно было открыть или изобрести, прежде чем создать их?

2. Какие идеи технических новинок, предложенные в тексте, кажутся вам наиболее интересными и полезными?

3. В каких новых изобретениях нуждается, по-вашему, человечество и лично вы?

II. Согласны ли вы с тем, что новые изобретения не всегда несут в себе только положительное начало? Например, театральное искусство развивалось гораздо активнее, пока не появился кинематограф; люди гораздо чаще посещали кинотеатры, пока не появились видеофильмы. Приведите свои примеры «минусов» цивилизации.

III. Найдите в тексте все случаи обозначения времени в простых и сложных предложениях. Скажите, какие союзы используются в сложноподчинённых предложениях с придаточными времени.

Действие в главном предложении следует за действием в придаточном предложении. Значение следования

Значение следования выражается при помощи союзов: **когда**, **после того как**, **с тех пор как**, **как только** и его синонимов. Рассмотрим каждый из них.

Союз КОГДА

Союз **когда** может использоваться в сложноподчинённых предложениях с придаточными времени не только для выражения одновременности действий, но и для передачи последовательных, идущих одно за другим действий (об использовании союза **когда** для обозначения одновременных действий в сложноподчинённых предложениях смотри на с. 141.

В предложениях со значением следования одно действие происходит после того, как закончилось предыдущее, поэтому сказуемые в таких предложениях — глаголы совершенного вида. *Когда он **закончил** университет, он **пошёл** в армию. Когда он **закончит** университет, он **пойдёт** в армию.* Однако если речь идёт о повторяющихся действиях, то используются глаголы несовершенного вида. *Когда она **заканчивает** работу, она **идёт** в детский сад за сыном.*

Союз ПОСЛЕ ТОГО КАК

В сложноподчинённых предложениях с союзом **после того как** говорится, что действие в главном предложении происходит после действия в придаточном. Союз **после того как** не указывает на то, какой временной интервал разделяет эти два действия. Для уточнения времени действия служат слова, которые могут стоять перед союзом: **тотчас**, **вскоре**, **сразу (же)**, **через час** (**неделю**, **месяц**, **полгода**, **год**). *Вскоре после того как мы выключили свет, в дверь постучали. Через год после того как мы переехали в Россию, у нас родился сын.*

В придаточном предложении обычно используется глагол совершенного вида, если только в предложении речь не идёт о привычном, повторяющемся действии. Чаще всего глагол в придаточной части стоит в той же форме времени, что и глагол в главной части (оба глагола прошедшего, настоящего или будущего времени). *После того как она **закончила** работу, она **пошла** домой. После того как она **заканчивает** работу, она обычно **идёт** домой. После того как она **закончит** работу, она **пойдёт** домой.*

Если в придаточной части глагол в будущем времени, то в главной части глагол может быть в форме императива или инфинитива. *Эту книгу надо **вернуть** в библиотеку, после того как ты её прочитаешь. После того как ты закончишь работу, **приходи** ко мне.*

Союз С ТЕХ ПОР КАК

Особенностью предложений с союзом **с тех пор как** является указание на чёткие границы действия, с определённого момента в прошлом до момента речи. *Мы не виделись с ним с тех пор, как познакомились.* Это значит, что мы познакомились с ним в прошлом, но с того момента до настоящего времени не видели друг друга. *С тех пор как он изучает русский язык, он перестал говорить по-английски.* Это значит, что с того времени как он начал и продолжает изучать русский язык, он говорит только по-русски. Понятно, что в таких предложениях нельзя использовать глагол будущего времени или глагол в форме императива, так как союз **с тех пор как** связывает действие или событие в прошлом с настоящим.

Союз КАК ТОЛЬКО и его синонимы: ЛИШЬ ТОЛЬКО, ЧУТЬ ТОЛЬКО, ЕДВА ТОЛЬКО, ТОЛЬКО, ЛИШЬ, ЕДВА, ЧУТЬ

Эти союзы используются в предложениях, где нужно показать быструю смену действий, событий, подчеркнуть их непосредственное следование.

Если речь в предложении идёт о смене двух законченных действий, то в качестве сказуемых используются глаголы совершенного вида. *Лишь только я **открыл** окно, в комнату **влетел** свежий весенний ветер.* Если в предложении говорится о многократной, повторяющейся смене действий, то используются глаголы несовершенного вида. *Лишь только учитель **входил** в класс, дети шумно **приветствовали** его.*

Если придаточное предложение стоит перед главным, то в главной части нередко используются слова **то**, **так**, **как**, чтобы показать границу между придаточным и главным предложениями. *Как только ты узнаешь его получше, **то** ты поймёшь, почему я сделала такой выбор. Лишь закрою глаза, **как** вижу свой родной берег.*

 Упражнение 193. Употребите в предложениях глаголы нужного вида в правильной форме.

1. Когда ... первое письмо от родителей, я очень ... .

приходить / прийти
радоваться / обрадоваться

2. После того как Евгений Петрович ... кандидатскую диссертацию, он ... писать докторскую.	защищать / защитить начинать / начать
3. С тех пор как мы ... с моим новым другом, вся моя жизнь	знакомиться / познакомиться изменяться / измениться
4. Когда я ... домашнюю работу, я часто ... словарём.	выполнять / выполнить пользоваться / использовать
5. С тех пор как Гагарин впервые ... в космос, количество вопросов о жизни во вселенной у людей не	лететь / полететь уменьшаться / уменьшиться
6. Дедушка обычно долго ... в кресле, после того как ... с прогулки.	сидеть / посидеть возвращаться / вернуться
7. Как только они ... , они сразу же ... в свадебное путешествие.	жениться / пожениться отправляться / отправиться

☝ *Упражнение 194.* Замените предложения с союзом **когда** предложениями с союзом **после того как**. Найдите предложения, в которых такая замена невозможна, и объясните, почему.

1. Когда мы вернулись домой, мы поужинали.
2. Когда я возвращалась назад, я потеряла свою перчатку.
3. Когда вы посмотрите этот фильм, вы поймёте, почему я советую вам его посмотреть.
4. Когда я смотрю немое кино, я всегда удивляюсь, как быстро изменился кинематограф.

5. Когда ты читаешь интересную книгу, то как будто погружаешься в другой мир.

6. Когда я прочитаю эту книгу, я дам её тебе.

7. Когда ты сделаешь домашнюю работу, приходи ко мне.

8. Когда я делаю утреннюю зарядку, моё окно открыто.

Упражнение 195. Расскажите о наиболее значительных фактах своей биографии, упоминая о том, что было **до** и **после** каждого события.

Образец:

Рождение. До того как я родился, мои родители жили в деревне. После того как я родился, наша семья переехала в город.

Рождение — школа — первая работа — любимое дело.

Упражнение 196. Соедините два простых предложения в одно сложное с союзом **с тех пор как**.

Образец:

Мы не виделись со своими старыми соседями. Мы переехали на другую квартиру. — С тех пор как мы переехали на другую квартиру, мы не виделись со своими старыми соседями.

1. Началось лето. Не было ни одного дождя.

2. Он ни разу не приходил к ней. Они поссорились.

3. Ребёнок кашляет. Он простудился.

4. Отец бросил курить. Он почувствовал, что полнеет.

5. Туристы ушли в горы. Никто о них не слышал.

6. Учёные изобрели новое лекарство. Больные люди надеются на выздоровление.

7. Начались дожди. Многие реки вышли из берегов.

Упражнение 197. Закончите предложения, используя придаточные с союзом **с тех пор как**.

1. Она ни разу не позвонила мне, ...

2. Он никуда не ездил, ...

3. Его невозможно узнать, ...

4. Я прекрасно чувствую себя, ...

5. В мире многое изменилось, ...

6. ... , он был женат уже три раза.

7. ... , я забыл, что такое бессонница.

8. ... , прошло десять лет.

Упражнение 198. Ответьте на вопросы, употребляя союз **с тех пор как**.

1. Вы давно не были в своей школе?

2. Вы давно изучаете русский язык?

3. Сколько времени вы не были у родителей?

4. Она давно не принимает лекарство?

5. Вы давно не ели своё любимое блюдо?

6. Сколько времени он уже не курит?

7. Он давно живёт здесь?

8. Вы давно занимаетесь спортом?

9. Сколько времени вы изучаете русский язык?

Упражнение 199. Измените предложения, используя союз **как только** или его синонимы.

Образец:

Не успели они дойти до дома, как началась гроза. — Как только они дошли до дома, началась гроза.

1. Не успели мы собрать вещи, как пришло такси.

2. Стоило ей только купить лотерейный билет, как она выиграла.

3. Не успел я и крикнуть, как появился полицейский.

4. Она и ста метров не пробежала, как устала.

5. Стоило мне подумать о нём, как он пришёл.

6. Не успел погаснуть в зале свет, как оркестр заиграл увертюру.

7. Стоило мне только раз ошибиться, как все это заметили.

8. Он и шага одного не сделал, как упал.

Упражнение 200. Составьте сложные предложения с союзом **как только** и его синонимами, используя следующие глаголы в нужной форме:

Останавливаться / остановиться — выходить / выйти
Встречать / встретить — здороваться / поздороваться
Видеть / увидеть — влюбляться / влюбиться
Возвращаться / вернуться — обнаруживать / обнаружить
Смотреть / посмотреть — замечать / заметить
Понимать / понять — расставаться / расстаться

Упражнение 201. Прочитайте текст и скажите, что всё-таки для вас важнее — время или деньги. Согласны ли вы с утверждением, которым заканчивается этот текст?

ВРЕМЯ — ДЕНЬГИ

Представьте себе, что один банк ежедневно будет переводить на ваш счёт 86 400 рублей при условии, что вы будете тратить всю эту сумму в тот же самый день. Хорошая идея — согласны?

На самом деле у каждого из нас есть такой банк. Имя этого банка — время. Каждое утро этот банк даёт нам в кредит 86 400 секунд. Если мы не используем эту «сумму» за сутки, мы теряем её. Пути назад нет. Нельзя взять в долг время у следующего дня. Мы должны жить сегодня, и, чтобы чего-то достичь, нам нужно научиться ценить своё время.

Чтобы понять цену года, спросите ученика, который остался на второй год.

Чтобы понять цену месяца, спросите мать, которая ждёт ребёнка.

Чтобы понять цену одного часа, спросите влюблённых.

Чтобы понять цену одной минуты, спросите человека, который опоздал на поезд.

Чтобы понять цену одной секунды, спросите того, кто избежал автокатастрофы.

Чтобы понять цену сотой доли секунды, спросите спортсмена, который получил серебряную медаль.

Да, время — это деньги, но купить время нельзя ни за какие деньги.

Упражнение 202. Замените выделенные слова придаточной частью сложного предложения с союзами **когда, после того как, с тех пор как, как только**.

1. **После лекции** я пойду в библиотеку.
2. **С наступлением зимы** детей перевезли в город.
3. Они дружат **со школы**.
4. Позвони мне, пожалуйста, **по возвращении**.
5. **По окончании университета** она вернулась в родной город.
6. Мы вышли из дома **с восходом солнца**.
7. Дима вошёл в аудиторию **сразу после преподавателя**.
8. Я встаю обычно **по будильнику**.
9. **После дождя** стало свежо.
10. Она почти не изменилась **со времени нашей последней встречи**.
11. **После победы оппозиции** в стране началась гражданская война.

Упражнение 203. Расскажите, используя союзы **когда, после того как, с тех пор как, как только**, что вы знаете о русском гостеприимстве. Были ли вы уже в гостях в русской семье? Чем отличаются русские традиции приёма гостей от тех, которые существуют в вашей стране?

Упражнение 204. Решите задачу.

Охотник с собакой возвращались домой пешком. Они шли со скоростью пять километров в час. Когда до дома осталось двадцать километров, охотник снял с собаки поводок и она побежала домой со скоростью пятнадцать километров в час. Как только собака добежала до дома, она повернула назад и побежала к хозяину, а потом снова домой и снова к хозяину, и так до тех пор, пока он не дошёл до дома.

Сколько всего километров пробежала собака, в то время как хозяин прошёл двадцать километров?

177

Наша игра называется **«Где же Зина?»** Все ваши друзья ищут Зину, сокурсницу. Почти все вы видели её сегодня, но в разное время. Ваша задача — догадаться, где Зина находится сейчас. Победит тот, кто сделает это первым. Для этого вы должны рассказать всем своим товарищам по группе, где и когда вы встречались с Зиной. Потом вы должны найти все объекты, о которых вы слышали от них, на схеме. Объект, о котором никто не упомянул, и есть то место, где сейчас находится Зина.

Для преподавателя:

Игра рассчитана на четырёх человек. Если в группе восемь студентов, можно разделить группу пополам.

Раздайте студентам роли и дайте им время прочитать и запомнить их. При необходимости ответьте на их вопросы. Затем соберите роли. Игра начинается.

Ольга

Вы встретили Зину на улице, возле овощного магазина, до того как пойти в университет. Это было, кажется, между десятью и половиной одиннадцатого. Прежде чем Зина заметила вас, вы окликнули её: «Зина, привет!» В магазине вы покупали бананы, в то время как Зина выбирала апельсины для кого-то. Она сказала вам, что, перед тем как пойти в университет, она собирается пойти на занятие по теннису в спортивный зал. Вам нужно было быть в университете за 10 минут до начала лекции, и вы попрощались с ней. С тех пор вы её не видели.

Саша

До того как пойти в университет, вы играли в теннис с Зиной утром в спортивном зале. Прежде чем начать игру, нужно было немного потренироваться. Игра началась ровно в одиннадцать, то есть через четверть часа после того, как началась тренировка. Вы играли, пока не пришла следующая пара. Как только они пришли, вы закончили игру. Зина сказала, что после игры ей нужно идти в университетскую библиотеку. С тех пор вы её не видели.

Наташа

Зина пригласила вас сегодня к себе домой на чашку чая к трём часам. Когда вы позвонили в дверь, никто не открыл. Только вы подумали, что вы ошиблись адресом, как вдруг вы увидели Зину. Она быстро поднималась по лестнице, а в руках у неё были покупки и цветы. Значит, перед тем как вернуться домой, она зашла в цветочный магазин. За чаем вы обсудили все свои дела и пошли домой, а Зина пошла в больницу навещать какого-то своего друга. С тех пор вы её не видели.

Алёша

Вы — друг Зины. Вы познакомились с ней недавно, в то время как вместе ехали в поезде в Петербург. Сейчас вы в больнице. Перед тем как лечь в больницу, вы позвонили Зине. Как только она узнала, что вы собираетесь в больницу, она сказала, что обязательно скоро навестит вас. Вы ждали её несколько дней и уже подумали было, что она забыла об обещании, как вдруг сегодня она появилась. Это было сразу же после дневного сна. Она посидела у вас недолго, всего минут пятнадцать, и ушла.

С тех пор вы её не видели.

Схема

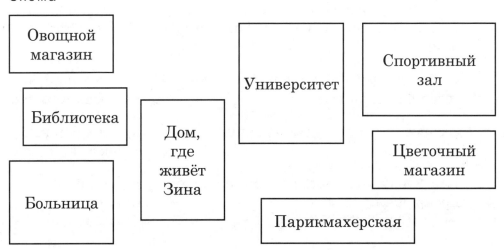

Упражнение 205. Закончите предложения, выбрав правильный вариант.

1. ... мы приехали в лагерь, никто не вышел встречать нас.

    а) Когда
    б) После того как

2. Когда мы ... по лестнице, навстречу нам шёл наш сосед.

    а) поднялись
    б) поднимались

3. Когда он ... письмо, он перечитал его ещё раз.

    а) писал
    б) написал

4. Каждый раз, когда кто-то ... к нему по-русски, он молчал.

    а) обратился
    б) обращался

5. После того как я ... этот тест, я пойду с друзьями в кафе.

    а) выполняю
    б) выполнил
    в) выполню

6. После того как мы ... этот рассказ, надо написать сочинение.

    а) читаем
    б) прочитаем
    в) прочитали

7. ... я начну брать уроки музыки, мне придётся много играть на пианино дома.

    а) С тех пор как
    б) После того как

8. ... я пользуюсь интернетом, мой кругозор расширился.

    а) С тех пор как
    б) После того как

9. Заходи за мной, ... ты закончишь работу.

    а) с тех пор как
    б) после того как

10. Как только он ... уставать, он сразу же прекращал работу.

    а) начинал
    б) начал

ВРЕМЯ НА ОТКРЫТКЕ

Каждый год перед Рождеством и Новым годом мы открываем свой почтовый ящик в ожидании увидеть там открытки от друзей. Так поступали и наши родители, бабушки и дедушки. Кажется, что эта традиция посылать друг другу открытки к празднику существует вечно...

С тех пор как в 1869 году венский профессор Эммануил Герман предложил миру образец корреспонденции нового типа — открытое письмо, открытки полюбились всей Европе. Они были дешевле конвертов с марками, требовали краткости от автора. Особенно широко они стали использоваться, после того как в Германии придумали художественные открытки.

На рубеже девятнадцатого-двадцатого веков особенно популярными были швейцарские открытки. Они были настолько хороши, что хозяин одной гостиницы в Лозанне оклеил ими стены трёх комнат. В Германии ко дню рождения канцлера Бисмарка обычно выпускали новые открытки с его высказываниями. В Японии во время русско-японской войны были широко распространены открытки для солдат с готовым текстом: «Я жив, здоров; адрес не сообщаю, потому что не знаю, где буду находиться завтра...». Очень оригинальные открытки придумали итальянцы. Они использовали краски, которые меняли свой цвет в зависимости от погоды. Например, на одной открытке была изображена дама с зонтиком, цвет которого менялся перед дождём.

В России первое открытое письмо появилось в начале 1872 года, а первые художественные открытки стали выпускать в 1894 году. Открытку у нас полюбили быстро, и не только как средство общения: многие люди начали их коллекционировать.

Как только произошла Октябрьская революция, поздравительные открытки перестали выпускаться до тех пор, пока не началась Великая Отечественная война.

Почтовые открытки, или почтовые миниатюры, как их ещё называют коллекционеры-филокартисты и искусствоведы, всегда отражали своё время. На них можно увидеть, как люди одевались, в каких домах жили, что ели и пили, на каких машинах ездили, а на оборотной стороне можно увидеть написанные от руки сообщения: старинный почерк, архаичный стиль, другая орфография...

К сожалению, сейчас мы всё чаще и чаще вместо открыток посылаем друг другу электронные письма. Но, заметьте, кроме электронного письма, можно послать теперь и виртуальную открытку! Возможно, уже появились и их коллекционеры. Просто наступило другое время. Новое.

I. Ответьте на вопросы.

1. Любите ли вы посылать и получать открытки?

2. К каким праздникам и по каким поводам вы посылаете открытки?

3. Сколько открыток вы посылаете и получаете на Рождество и Пасху?

4. За сколько дней вы отправляете открытки по почте?

5. Что вы коллекционируете и как давно?

II. Найдите в тексте предложения, которые содержат конструкции времени, и отметьте их.

III. В каком контексте упоминается:

1869 год; 1872 год; 1894 год; день рождения Бисмарка; Русско-японская война; Октябрьская революция; Великая Отечественная война?

IV. Дополните предложения словами, указывающими на время:

1. ... венский профессор Эммануил Герман предложил миру образец корреспонденции нового типа — открытое письмо, открытки полюбились всей Европе.

2. Особенно широко они стали использоваться, ... в Германии придумали художественные открытки.

3. ... произошла Октябрьская революция, поздравительные открытки перестали выпускаться.

4. Поздравительные открытки не выпускались, ... началась Великая Отечественная война.

ВЫРАЖЕНИЕ ВРЕМЕНИ ДЕЙСТВИЯ В ПОСЛОВИЦАХ, ПОГОВОРКАХ И ИДИОМАХ

В русском языке, как и в других языках, понятие времени отражено в многочисленных пословицах, поговорках и фразеологизмах.

ПОСЛОВИЦЫ И ПОГОВОРКИ

Аппетит приходит во время еды.

Век живи — век учись.

Время — лучший лекарь.

Время — деньги.

Время деньги даёт, а на деньги время не купишь.

Время не деньги, потеряешь — не найдёшь.

Время не ждёт.

Всему своё время.

Всё до поры до времени.

Всякому овощу — своё время.

Делу время — потехе час.

Дорога ложка к обеду.

Дорого яичко ко Христову дню.

Когда рак на горе свистнет.

Куй железо, пока горячо.

Лучше поздно, чем никогда.

Много воды утекло.

Не всё коту масленица.

Не говори «гоп», пока не перепрыгнешь.

Не откладывай на завтра то, что можно сделать сегодня.

Не спеши языком, торопись делом.

Обещанного три года ждут.

Откладывать в долгий ящик.

Поживём — увидим.
После драки кулаками не машут.
Прошлого не воротишь.
Упустишь минуту — потеряешь час.
Утро вечера мудренее.
Цыплят по осени считают.
Час от часу не легче!

ИДИОМЫ

Битый час
От зари до зари = долго
День и ночь

Без лишних слов
В два счёта
В мгновение ока
В один миг = быстро
В одно мгновение
В одну минуту (секунду)
Одним духом

В час по чайной ложке = медленно

Тянуть время
Тянуть кота за хвост = медлить

Без пяти минут
В скором времени
С минуты на минуту = скоро
С часу на час
Со дня на день

Сию минуту (секунду)
Только что = сейчас

В последнее время
Без году неделя = недавно

В первую очередь
Первым делом
Прежде всего = сначала
На первых порах

Испокон веков Всё время	= всегда
В последнюю очередь	= в конце
В конце концов Рано или поздно С годами Со временем	= когда-нибудь в будущем
День за днём Из года в год Изо дня в день То и дело	= часто (о повторяющихся действиях)
В кои-то веки	= редко
Ни днём ни ночью	= никогда
Время от времени От случая к случаю	= иногда, нерегулярно
В своё время	= когда-то в прошлом или в будущем, своевременно, когда было или будет нужно
На веки вечные	= навсегда
Чуть свет Ни свет ни заря	= рано утром
На ночь глядя	= поздно вечером
До поры до времени	= временно, до какого-то случая
Минута в минуту	= точно, вовремя
В то же (самое) время Тем временем Между тем	= одновременно
Между делом	= в промежутках между основными делами
Вчерашний день	= прошлое
Завтрашний день	= будущее

Упражнение 206. Прочитайте следующие пословицы. Что они значат? Есть ли в вашем родном языке их эквиваленты? Согласны ли вы с утверждениями, содержащимися в этих пословицах?

Аппетит приходит во время еды.

Время — лучший лекарь.

Время — деньги.

Время не деньги, потеряешь — не найдёшь.

Делу время — потехе час.

Дорого яичко ко Христову дню.

Куй железо, пока горячо.

Лучше поздно, чем никогда.

Не говори «гоп», пока не перепрыгнешь.

Не откладывай на завтра то, что можно сделать сегодня.

После драки кулаками не машут.

Утро вечера мудренее.

Цыплят по осени считают.

Упражнение 207. Найдите «половинки» пословицы и соедините их. Придумайте ситуацию, в которой можно было бы использовать каждую из этих пословиц.

Упустишь минуту ...   ... век учись.

После драки ...   ... потехе час.

Не говори «гоп» ...   ... пока горячо.

Лучше поздно ...   ... во время еды.

Куй железо ...   ... кулаками не машут.

Дорого яичко ...   ... чем никогда.

Делу время ...   ... ко Христову дню.

Век живи ...   ... пока не перепрыгнешь.

Аппетит приходит ...   ... потеряешь час.

Упражнение 208. Проиллюстрируйте значения следующих пословиц примерами из своей жизни.

Век живи — век учись.

Время не ждёт.

Всему своё время.

Дорога ложка к обеду.

Куй железо, пока горячо.

Не всё коту масленица.

Не говори «гоп», пока не перепрыгнешь.

После драки кулаками не машут.

Прошлого не воротишь.

Упражнение 209. Прочитайте идиомы и найдите справа их лексические эквиваленты. Составьте предложения, используя идиомы.

Идиомы	Лексические эквиваленты
на ночь глядя	долго
рано или поздно	медленно
без лишних слов	рано утром
битый час	поздно вечером
в час по чайной ложке	часто
с минуты на минуту	нерегулярно
то и дело	когда-нибудь в будущем
от случая к случаю	быстро
ни свет ни заря	скоро

Упражнение 210. Прочитайте предложения и объясните, что значат выделенные выражения.

1. Через месяц я заканчиваю медицинский и буду работать в больнице. — Значит, вы **без пяти минут доктор**? — Да, пожалуй.

2. Когда приедет ваш сын на каникулы? — Мы ждём его **со дня на день**.

3. Завтра опять вставать **чуть свет**. Я совсем не высыпаюсь **в последнее время**.

4. В нашем доме развелось так много комаров! Нет покоя **ни днём ни ночью**!

5. Тест был трудный, но мой сосед выполнил его **в два счёта**, да ещё и мне помог.

6. На скамейке сидела бабушка, рядом с ней играла её внучка, девочка лет пяти. Она **то и дело** подбегала к бабушке, что-то показывала ей или о чём-то спрашивала.

7. Мне сказали, что директор вышел на пять минут, но я прождал его **битый час**.

8. Ну куда вы собираетесь **на ночь глядя**! Все магазины уже закрыты.

Упражнение 211. Слово **время** содержится во многих идиомах. Замените выделенные выражения одним из фразеологизмов со словом **время**.

Идиомы	Лексические эквиваленты
во время оно	когда-то в прошлом, очень давно
в первое время	вначале
в последнее время	незадолго до настоящего момента
в своё время	когда-то, своевременно, в прошлом или в будущем, когда это будет нужно
в скором времени	скоро
в то же (самое) время	одновременно
время от времени	иногда, нерегулярно
всё время	постоянно, всегда
детское время	ещё не очень поздно, ещё не пора ложиться спать
до поры до времени	до определённого момента, до подходящего момента
на время	на какой-то срок
одно время	в течение какого-то времени в прошлом
раньше времени	преждевременно
со временем	впоследствии, с годами
тем временем	одновременно

1. **Когда-то в прошлом** он был широко известен в музыкальных кругах как хороший саксофонист.

2. Какие кислые яблоки! Это такой особенный сорт? — Нет, они ещё не созрели, вы сорвали их **преждевременно**.

3. **В течение некоторого периода** он увлекался модернизмом, но потом всё-таки вернулся к классике.

4. **До определённого момента** никто не замечал, что с ним происходит что-то странное, пока он не бросил университет.

5. Она **постоянно** носит какие-то старомодные шляпки и украшения.

6. **Вначале** нам казалось, что ничего не изменилось, но это продолжалось недолго, и вскоре мы поняли свою ошибку.

7. **Незадолго до** смерти он бросил курить, стал больше гулять, и никто не ожидал, что он умрёт так внезапно.

8. **С годами** происходят изменения в нашей системе ценностей.

9. Не уходите, посидите у нас! **Ещё не очень поздно**. Мы вас проводим.

10. Он стал ведущим специалистом известной электронной фирмы, **одновременно с этим** он продолжал читать лекции в университете.

11. Они поженились весной, и **очень скоро** у них родился первенец.

12. Когда они разошлись и разъехались по разным квартирам, они **иногда** звонили друг другу, спрашивали о делах и здоровье.

13. Это твоя книга? — Нет, не моя, я взял почитать её у приятеля **ненадолго**.

Упражнение 212. Замените выделенные выражения подходящими по смыслу идиомами.

1. Вы по-прежнему продолжаете рисовать сейчас? — Да, но, к сожалению, **нерегулярно**.

2. Мы **постоянно** покупаем книги в этом магазине. Здесь и выбор хороший, и цены.

3. Пожилые люди обычно просыпаются **очень рано**.

4. Этот Иванов служит в нашей военной части **совсем недавно**, а уже стал майором.

5. Ты всё равно **когда-нибудь** поймёшь, что я был прав.

6. Когда начнётся фильм? — **Очень скоро**, занимайте, пожалуйста, свои места.

7. Ну почему он так **медленно говорит**! — Он, наверное, не готов к уроку сегодня, вот и тянет время.

8. На дороге было ужасно скользко, и я упала. Мой попутчик **быстро** помог мне подняться.

9. Наш профессор всегда начинает лекции **вовремя**. Не опаздывай!

Упражнение 213. Вставьте вместо пропуска одно из подходящих выражений: **со временем, время от времени, в то время, в то же (самое) время, на время, за (…) время, во время, вовремя**.

1. К сожалению, мы видимся с родителями нечасто, я захожу к ним … .

2. Сначала они были очень счастливы, но … их чувства друг к другу остыли.

3. Если вы хотите попасть на спектакль … , вам надо поспешить.

4. Я не был в родном городе несколько лет. … наш город очень изменился.

5. Наверно, это было глупое решение, но мне … было только пятнадцать лет.

6. Её родители эмигрировали из России … революции.

7. … люди становятся мудрее. Но не все.

8. Он уже свободно говорит по-английски, но … ещё плохо понимает носителей языка.

Упражнение 214. Расскажите о себе, используя выражения **со временем, время от времени, в то время, в то же (самое) время, на время, за (…) время, во время, вовремя**. *Следующие вопросы вам помогут.*

1. Как вы считаете, меняются ли люди со временем?

2. Помните ли вы себя, когда вам было пятнадцать лет? Сколько лет назад это было?

3. Изменились ли вы за это время?

4. Как вы относились тогда к своей внешности, личности, к одежде, к деньгам, к работе, к учёбе, к общественной жизни, к еде, к спорту?

5. Как вы относитесь ко всему этому сейчас?

Упражнение 215. A. Прочитайте текст.

ЗВЁЗДЫ ГОВОРЯТ

На этой неделе:

—ОВЕН. Для вас это горячее время. Вам предстоят деловые поездки и контакты с зарубежными партнёрами. Смело принимайте любое предложение! «Куй железо, пока горячо». Время не ждёт! Со временем вы сможете порадоваться результатам своих усилий.

—ТЕЛЕЦ. Вам нужно быть особенно терпеливым. Не начинайте новых дел, не делайте больших покупок. Прежде всего займитесь своим здоровьем. В скором времени удача вернётся к вам. Всякому овощу своё время.

—БЛИЗНЕЦЫ. Сейчас для вас как раз тот момент, когда один день весь год кормит. Но слишком интенсивная работа может привести к стрессу. Время от времени делайте перерывы в работе.

—РАК. В ближайшее время начните новое дело. Оно принесёт вам в будущем успех и благополучие. Не бойтесь абсолютно незнакомой сферы деятельности. Аппетит приходит во время еды!

—ЛЕВ. Не откладывайте в долгий ящик дела, начатые на прошлой неделе. Первым делом займитесь тем, которое кажется вам незначительным. Со дня на день увидите результат.

—ДЕВА. На время забудьте обо всех своих проблемах. Утверждение, что время — деньги, вас сейчас не касается. Пригласите в гости друзей и уделите внимание своей семье.

—ВЕСЫ. Не теряйте времени на этой неделе! Отложите все вечеринки и развлечения. Не рассчитывайте, что кто-то сделает за вас вашу работу. Упустишь минуту — потеряешь час! Время не ждёт!

—СКОРПИОН. Не старайтесь изменить ситуацию. Прошлого не воротишь. Помните, что время — лучший лекарь, но сидеть день и ночь сложа руки тоже не стоит.

—СТРЕЛЕЦ. Время от времени проверяйте свой счёт в банке. В конце недели хорошо встретиться со своими старыми друзьями. Но помните, делу — время, потехе — час.

—КОЗЕРОГ. Постарайтесь наконец решить свою старую проблему — лучше поздно, чем никогда. Не тяните время. Если поторопитесь, то к концу недели сможете вздохнуть спокойно.

—ВОДОЛЕЙ. На время ваша семейная жизнь превратится в сказку. Наслаждайтесь каждым моментом: в своё время вы будете часто вспоминать об этом, потому что не всё коту масленица.

—РЫБЫ. Не принимайте важных решений на этой неделе. Удача придёт к вам сама, когда вы не будете думать о ней. В первую очередь уделите внимание своей личной жизни. Всему своё время.

Б. Найдите в тексте пословицы, поговорки и идиомы о времени и объясните их значение.

В. Скажите,

—верите ли вы гороскопам;
—под каким знаком Зодиака вы родились;
—что обещает вам гороскоп на этой неделе?

 Наша игра называется **«Детектив»***.
Вот какая история произошла в одной семье.
Николая Николаевича Павлова нашли мёртвым за столом в его кабинете прошлой ночью. Он был убит

---

* Идея игры взята в книге J. Hadfield "Advanced Communication Games".

тяжёлым предметом, когда он сидел за своим столом спиной к двери и писал письмо. Первой его увидела его собственная жена, когда она принесла ему в кабинет чашку чая в 11:15 вечера. Как выяснилось, его часы от тяжёлого удара остановились в 11:05 вечера. Подозреваются все, кто был в их доме в этот вечер: жена убитого, Борис Николаевич (его брат), Виктор Иванович Петров и его жена (друзья Павловых) и Галина Васильевна (тёща убитого).

Ваша задача — догадаться, кто убил Николая Николаевича. Тот, кто сделает это первым и сумеет доказать свою точку зрения, выиграет. Студенты один за другим берут карточки, на каждой из которых даётся один ключ для разгадки тайны, читают вслух содержание карточки и обсуждают события. Высказывать своё мнение может каждый. Обратите особое внимание на время, когда происходили эти события в семье Павловых. Правильно использованные конструкции времени помогут решить эту загадку. После того как вы найдёте убийцу, придумайте название для нашего детектива.

Для преподавателя:

В этой игре может участвовать любое количество студентов.

Объявите студентам, что им предстоит провести расследование.

Вам необходимо вырезать или скопировать один комплект карточек и расположить их по порядку от № 1 до № 20. Это ключи, которые помогут в расследовании. Студенты по очереди берут карточки-ключи, читают вслух содержание и коллективно обсуждают «дело». Дайте высказаться каждому студенту. Необходимо следить за тем, чтобы они как можно чаще и разнообразнее использовали конструкции времени. Для этого вы можете помогать им вопросами.

Эту игру можно проводить в течение нескольких уроков, давая студентам каждый раз 3–4 ключа для обсуждения.

1. Серебряная ваза исчезла из комнаты.	2. Окно было открыто.
3. У тела нашли окурок.	4. Все курят, кроме Николая Николаевича и его тёщи.
5. На окне нашли кусочек красного материала.	6. Серебряную вазу нашли в клумбе.
7. Жена Павлова, её подруга и Борис Николаевич — каждый из них был одет во что-то красное.	8. В сумочке Анны нашли записку: «Коля, давай встретимся в саду в 11 часов. Наталья».

9. Все, кроме тёщи, играли в карты до 11 часов вечера. Галина Васильевна была на кухне между 22:30 и 23:15.	10. В 23 часа Николай встал и вышел. Он сказал, что ему нужно написать письмо.
11. Жену Николая зовут не Наталья.	12. Госпожа Петрова вышла из гостиной в 11 часов вечера. Она сказала, что ей жарко.
13. Два месяца назад Борис Николаевич взял в долг у своего брата 100 000 рублей и до сих пор не вернул.	14. Галина Васильевна услышала шаги в прихожей, потом открылась дверь в кабинет зятя. Это было сразу после 11 часов вечера.
15. Борис Николаевич иногда ходил в казино. Это было его хобби.	16. В начале двенадцатого Галина Васильевна снова услышала шаги в прихожей. На этот раз открылась входная дверь. В прихожей была госпожа Петрова. Вероятно, она вошла в дом из сада и пошла прямо в гостиную.

17. После игры в карты Виктор Иванович и Борис Николаевич стали смотреть телевизор, когда в гостиную вошла Наталья и тоже села смотреть телевизор. Это было минут пять двенадцатого.	18. Николай Николаевич писал письмо. Оно начиналось так: «Дорогая Анна, я не знаю, как сказать тебе это, но я ухожу от тебя. Наташа и я...»
19. Примерно в 23:10 Галина Васильевна услышала, как входная дверь снова открылась. Это была её дочь. Она вошла на кухню и начала готовить чай для своего мужа.	20. Жену Николая Николаевича зовут Анна.

ПОСПЕШАЙ МЕДЛЕННО

Посмотрите на циферблат своих часов. Что вы видите? Секундная стрелка бежит, за ней неторопливо идёт минутная, а часовая двигается медленно, почти незаметно для глаз. Время идёт... Мы знаем, что было в прошлом, мы можем представить себе будущее, но где настоящее? Куда оно спряталось? Почему наши стрелки его не показывают?

Наверное, настоящее очень коротко, если даже секундная стрелка пробегает мимо него, будто его и нет. Мы и сами это знаем: не успеешь оглянуться, а время уже прошло. Но сколько же оно длится, это неуловимое настоящее?

Когда изобрели кино, первые киноаппараты были очень примитивны и зритель видел изображение на экране как прыгающие, сменяющие друг друга неподвижные картинки. И лишь со временем, когда появилась новая аппаратура, позволяющая менять двадцать четыре кадра в секунду, мы смогли увидеть кино «как в жизни». Значит, настоящее — это одна двадцать четвёртая секунды? Такой короткий миг!

Мы постоянно торопим время, «и жить торопимся, и чувствовать спешим». В детстве нам поскорее хочется повзрослеть, а когда становимся старше, мы гоним неделю, чтоб побыстрее пришли выходные, мы мечтаем, чтобы поскорей наступило лето, мы считаем дни до отпуска... и забываем, что каждый день, каждая минута и секунда нашей жизни — это неповторимое время, бесценный дар. Время — не всегда деньги. Как говорит русская пословица, «время деньгу даёт, но на деньги времени не купишь».

В девяностые годы прошлого века в Австрии была создана организация сторонников медленного образа жизни «Темпус», которая позднее стала международной. Члены «Темпуса» считают, что колесо времени вертится слишком быстро и наше общество слишком идеализирует скорость во всём. Но что, к примеру, даёт нам бешеная скорость, с которой мы мчимся на машине, стараясь как можно скорее попасть в нужное нам место, если за поворотом мы будем битый час стоять в пробке!

Не скорость и агрессивность, а терпение и спокойствие — вот качества, с которыми можно стать победителем в жизни. Недавно это продемонстрировали участники кросса, который был организован «Темпусом» в Германии, недалеко от города Штутгарта. Бегуны должны были преодолеть стометровую дистанцию за час!

Этому же учит нас и народная мудрость: «поспешишь — людей насмешишь», «тише едешь — дальше будешь», «семь раз отмерь — один раз отрежь», «утро вечера мудренее», «всему своё время».

I. Ответьте на вопросы.

1. Какие пословицы встретились вам в тексте? О чём говорят эти пословицы?

2. Какие пословицы, известные вам, наоборот, утверждают, что нельзя терять драгоценное время?

3. Какие пословицы о времени есть в вашем родном языке? Как можно перевести их на русский язык?

II. Согласны ли вы со следующими утверждениями? Обсудите это в группе.

1. Не успеешь оглянуться, а время уже прошло.
2. В детстве нам поскорее хочется повзрослеть.
3. Мы мечтаем, чтобы поскорее наступило лето.
4. Время — не всегда деньги.
5. Наше общество слишком идеализирует скорость во всём.
6. Не скорость и агрессивность, а терпение и спокойствие — вот качества, с которыми можно стать победителем в жизни.

III. Как вы понимаете заголовок этого текста «Поспешай медленно»?

 Упражнение 216. Закончите предложения, выбрав правильный вариант.

1. ... мы отдыхали в горах.
   а) Прошлую зиму
   б) Прошлой зимой
   в) В прошлую зиму

2. ... мы собираемся провести на море.
   а) Следующую осень
   б) В следующую осень
   в) Следующей осенью

3. От станции до деревни мы шли долго, ...
   а) весь час.
   б) целый час.
   в) всего один час.

4. Только через ... погода наладилась.
   а) два месяца дождей
   б) два месяца
   в) двух месяцев

5. После ... моряки вернулись в родной порт.
   а) двух месяцев
   б) два месяца
   в) двух месяцев плавания

6. Уроки в школе идут ...
   а) с девяти до двух.
   б) от девяти до двух.
   в) с девяти по два.

7. Почта закрыта на ремонт ...

    а) с первого по двенадцатое марта.
    б) от первого по двенадцатое марта.
    в) от первого до двенадцатого марта.

8. Летом на севере светло ...

    а) от рассвета по закат.
    б) от рассвета до заката.
    в) с рассвета до заката.

9. От центра города до университета ехать ...

    а) за полчаса.
    б) полчаса.
    в) через полчаса.

10. Новую школу построили ...

    а) два года.
    б) в два года.
    в) за два года.

11. Их сын очень вырос ...

    а) за последние полгода.
    б) через последние полгода.
    в) последние полгода.

12. Вы должны сделать контрольную работу ...

    а) всего 45 минут.
    б) за 45 минут.
    в) 45 минут.

13. Космический корабль ... до Луны всего за 20 часов.

    а) летал
    б) долетел
    в) летел

14. В российском университете нужно учиться обычно ...

    а) за пять-шесть лет.
    б) в пять-шесть лет.
    в) пять-шесть лет.

15. Отец уехал в командировку ...

    а) полгода.
    б) на полгода.
    в) за полгода.

16. Ваш сын проспал и опоздал в школу ...

а) за десять минут.
б) десять минут.
в) на десять минут.

17. Мы заказали такси ...

а) за два часа ночи.
б) два часа ночи.
в) на два часа ночи.

18. Она ждала писем от него ...

а) за всю свою жизнь.
б) всю свою жизнь.
в) через всю свою жизнь.

19. Ты дашь мне почитать свою книгу ...

а) неделю?
б) на неделю?
в) за неделю?

20. Мы не встречались с ней уже ...

а) три месяца.
б) на три месяца.
в) за три месяца.

21. Каждый год мы ездим на море ...

а) на полторы недели.
б) через полторы недели.
в) полторы недели.

22. Эту церковь построили ...

а) двести лет.
б) на двести лет.
в) двести лет назад.

23. Горячую воду отключили ...

а) на десять дней.
б) десять дней.
в) за десять дней.

24. Брат вернулся с вечеринки только ...

а) перед утром.
б) до утра.
в) под утро.

25. Будильник прозвенел ...

а) в три минуты.
б) три минуты назад.
в) на три минуты.

26. Мы ничего не знали о Золотом кольце России ...

а) до этой поездки.
б) после этой поездки.
в) во время этой поездки.

27. Я проснулся сегодня ...

а) перед самым твоим приездом.
б) до самого твоего приезда.
в) накануне твоего приезда.

28. Мы купили новую мебель ещё ...

а) до Рождества.
б) до самого Рождества.
в) после Рождества.

29. Каникулы начнутся ...

а) за неделю.
б) на неделю.
в) через неделю.

30. Дождь кончился ...

а) на ужин.
б) до самого ужина.
в) перед самым ужином.

31. Их семья уехала во Францию ...

а) через два года после перестройки.
б) через два года до перестройки.
в) за два года после перестройки.

32. Обычно я стараюсь приехать на вокзал ...

а) за 15 минут после отправления поезда.
б) за 15 минут до отправления поезда.
в) через 15 минут после отправления поезда.

33. Мой брат ...

а) два года старше меня.
б) на два года старше меня.
в) через два года после меня.

34. Рождество в православной церкви отмечается ...

а) за неделю до Нового года.
б) через неделю после Нового года.
в) за две недели до Нового года.

35. Каждый месяц бабуш-
ка ... пенсию.
  а) получила
  б) получит
  в) получает

36. ... среду я хожу на уроки пения.
  а) Каждую
  б) В каждую
  в) В прошлую

37. ... историческую эпоху
случаются войны.
  а) Каждую
  б) В каждую
  в) За каждую

38. ... осень птицы улетают на юг.
  а) Каждая
  б) В каждую
  в) Каждую

39. Мы познакомились с
коллегами ...
  а) на чай.
  б) за чаем.
  в) за чай.

40. ... лучше оставаться
дома.
  а) В грозе
  б) В грозу
  в) С грозой

41. ... улицы надо соблю-
дать правила дорожно-
го движения.
  а) На переходе
  б) В переходе
  в) При переходе

42. ... наступало лето, наш
городок превращался в
зелёный сад.
  а) Когда
  б) Пока

43. Пока зрители ... места
в зале, я успел купить
программку.
  а) занимали
  б) заняли

44. Когда все гости ... , на
сцену вышли актёры.
  а) собирали
  б) собирались
  в) собрались

45. ... у нас ещё вечер, в Японии уже наступает утро.

    а) В то время как
    б) По мере того как

46. ... мои родители поженились, они долгое время жили в деревне.

    а) Перед тем как
    б) До того как

47. Он сам понял всё, ... она успела рассказать ему.

    а) прежде чем
    б) перед тем как

48. Прежде чем ... , он ещё раз прочитал письмо.

    а) лечь спать
    б) лёг спать

49. Перед тем как ... уйти в армию, они поженились.

    а) он
    б) ему

50. Он ничего не знал о своём сыне, пока она ...

    а) написала ему.
    б) не написала ему.

51. Мы жили в Москве, пока я ... диссертацию.

    а) написал
    б) не писал
    в) писал

52. Мы все крепко спали, как вдруг страшный грохот ...

    а) будил нас.
    б) разбудил нас.
    в) разбудит нас.

53. Не успел он сесть в поезд, как к нему в купе ... полицейский.

    а) входил
    б) вошёл
    в) входить

54. ... мы посмотрели в окно, мы увидели только крыши домов.

    а) Когда
    б) После того как

55. После того как ... этот семестр, у нас будут каникулы.

    а) заканчивается
    б) закончится
    в) закончился

56. ... я изучаю русскую литературу, я стал лучше понимать русских.

    а) С тех пор как
    б) После того как

57. После того как я ... экзамен, мне надо вернуть книги в библиотеку.

    а) сдаю
    б) сдам
    в) сдал

58. Как только он ... говорить, я понял, что он иностранец.

    а) начинает
    б) начинал
    в) начал

59. Стоило только ... с собой зонтик, как пошёл дождь.

    а) не брать
    б) брать
    в) не взять

60. ... закрыть дверь, как кто-то позвонил.

    а) Не успели мы
    б) Успели мы
    в) Не успели нам

УКАЗАТЕЛЬ
предложно-падежных форм
выражения времени

без пяти два

в час
в понедельник
в этом году
в прошлом веке
в это время
в наше время
в то же самое время
в дождь
в перерыв
в двадцатые годы
в первых числах мая
в один миг
в два дня
в начале десятого
во втором часу
вечерами
во время работы
в ходе работы
в процессе работы
в течение недели

двумя годами (раньше)
до пяти часов
до Нового года

до весны
до поездки

ежеминутно

за два дня
за пять дней **до** отъезда
за завтраком

к пяти часам
к обеду
каждый день

между двумя и тремя (часами)

на завтра
на три года
на пять минут (раньше)
на рассвете
на этой неделе
накануне экзамена
нет пяти (часов)
не было пяти (часов)

около шести (часов)
от зари **до** зари

перед работой
по вечерам

по возвращении
по прошествии двух часов
по ноябрь
по первое июля
под Новый год
после праздника
после двух
после двух часов работы
при встрече
при Петре Первом
при коммунизме
раз в неделю

с весны
с двенадцати (часов)
с утра до вечера
с приходом зимы
спустя минуту
среди дня

целыми месяцами

часов в шесть
через час
через год после свадьбы

КЛЮЧИ К УПРАЖНЕНИЯМ

Упражнение 10. а) 444; б) 555; в) 1999.

Упражнение 11. 14 февраля — День святого Валентина;
23 февраля — День защитника Отечества;
8 марта — Международный женский день;
12 апреля — День космонавтики;
9 мая — День Победы.

Упражнение 12. 1) 23 февраля; 2) 12 июня; 3) 12 апреля;
4) 12 декабря; 5) 9 мая; 6) 1 апреля.

Упражнение 15. 1) XII в.; 2) 25 января; 3) Июнь 1799; 4) XIX в.; 5) 60-е гг.
XX в.; 6) 2014.

Упражнение 16. 1) 1492; 2) 1769; 3) 1895; 4) 1945; 5) 1903; 6) 1976.

Упражнение 22. 1) вся зима, всю зиму; 2) прошлая осень, прошлую осень;
3) целая жизнь, целую жизнь; 4) всю неделю, вся неделя;
5) целая вечность, целую вечность.

Упражнение 28. 1) проговорили, поговорили; 2) посидел, просидел;
3) поработала, проработала; 4) поболел, проболела;
5) простояли, постояли.

Упражнение 33. 1-б; 2-а; 3-б; 4-в; 5-б; 6-а; 7-в; 8-б; 9-б; 10-а.

Упражнение 34. 1) с утра; 2) с детства; 3) до начала концерта; 4) до трёх
часов дня; 5) до двадцатых годов двадцатого века; 6) от
рассвета до заката; 7) с двадцать второго июня сорок первого года до девятого мая сорок пятого года; 8) с двадцать
восьмого декабря по десятое января; 9) с мая по октябрь.

Упражнение 36. 1) с девяти до двадцати двух; 2) с двух до трёх; 3) с сентября по июнь; 4) с девяти до двенадцати; 5) с десяти
до четырнадцати; 6) с первого июля по тридцать первое августа; 7) от зари до зари; 8) с детства до старости;
9) с двенадцатого по девятнадцатое апреля.

Упражнение 46. 1-в; 2-а; 3-б; 4-в; 5-а; 6-а; 7-б; 8-а; 9-б; 10-а.

Упражнение 50. 1) подошёл, подходят (подходили); 2) прихожу, пришёл;
3) выходит, выйдет; 4) ездят, поедет.

Упражнение 52.	1) через; 2) после; 3) через; 4) после; 5) после; 6) через; 7) после; 8) через, после.
Упражнение 56.	Через 420 дней. Для того чтобы узнать, через сколько дней рыбаки вновь соберутся на озере все вместе, необходимо найти число, которое может делиться на 1, 2, 3, 4, 5, 6, 7. (В математике такое число называется «наименьшее общее кратное»). Через 84 дня. Это наименьшее общее кратное для 2, 3, 4, 7. Три сестры встречаются у родителей через 11 дней, то есть на каждый двенадцатый день.
Упражнение 57.	1-б; 2-в; 3-а; 4-в; 5-а; 6-в; 7-а; 8-а; 9-б; 10-а.
Упражнение 62.	1) доезжает, доехали; 2) дошла, доходит; 3) решает, решить; 4) убираю, убрал; 5) сделал, делаю; 6) готовятся, подготовились; 7) выполняем, выполнили.
Упражнение 63.	1. Новый храм Христа Спасителя построили за три года. 2. Мы дошли до водопада за полтора часа. 3. Я разгадал кроссворд за полчаса. 4. Эту статью я нашёл вчера в Интернете за двадцать минут. 5. Художник нарисовал портрет своего внука за три часа. 6. Костя сделал уроки за два часа. 7. Мы доедем до Петербурга из Москвы за семь часов.
Упражнение 65.	1) полтора года, за полтора года, за полтора года; 2) два с половиной — три месяца, за два с половиной — три месяца, за два с половиной — три месяца; 3) полгода, за полгода, за полгода; 4) за полторы недели, полторы недели, за полторы недели; 5) за четверть часа, за четверть часа, четверть часа; 6) за пару минут, пару минут, за пару минут.
Упражнение 66.	1) пять лет, за эти пять лет, через пять лет; 2) три месяца, через три месяца, за эти три месяца; 3) семь дней, через семь дней, за семь дней; 4) два часа, за два часа, через два часа; 5) несколько часов, за несколько часов, через несколько часов; 6) восемь часов, за восемь часов, за целую неделю, через восемь часов, всю следующую неделю.

Упражнение 68. Корзина наполнилась яйцами наполовину за 59 минут. Если количество яиц в корзине удваивается каждую минуту и через час корзина наполнилась, значит минуту назад (60 минут — 1 минута = 59 минут) было полкорзины яиц, то есть корзина наполнилась наполовину за 59 минут.

За 4 часа 4 кошки съедят 8 мышек.

Так как 2 кошки за 2 часа съедают двух мышек, то 2 кошки за 4 часа съедят четырёх мышек. Тогда 4 кошки за 4 часа съедят 8 мышек.

Упражнение 69. 1-а; 2-а; 3-в; 4-а; 5-б; 6-б; 7-в; 8-а; 9-б; 10-в.

Упражнение 73. 1) две недели, на две недели; 2) пару часов, на пару часов; 3) целый месяц, на целый месяц; 4) месяц, на три месяца; 5) минут десять, минут на десять; 6) на четверть часа, не четверть часа, а целых три часа.

Упражнение 74. 1) на неделю, через неделю; 2) на пятнадцать минут, через пятнадцать минут; 3) на месяц, через месяц; 4) на год, через год; 5) на полтора года, через полтора года; 6) на три недели, через три недели.

Упражнение 75. 1) поедет на все выходные; 2) собирается на неделю; 3) едет на месяц; 4) посадили на пять лет; 5) взять на два дня; 6) положи на одну минуту.

Упражнение 78. 1) приезжал на месяц, приехал на месяц; 2) ушёл, уходил на некоторое время; 3) прилетала на неделю, прилетела на неделю; 4) увозил картину на всю осень, увёз картину на всю осень; 5) приводил собаку минут на десять, привёл собаку минут на десять; 6) заходил ненадолго и приносил журнал, заходил ненадолго и принёс журнал.

Упражнение 79. 1) приезжал на два дня, уехал через два дня; 2) ходили на три часа, не успели увидеть все экспонаты за три часа; 3) вышел на пять минут; 4) опоздали на пять минут; 5) решил за пятнадцать минут, решил за три часа; 6) выполнили за сорок пять минут; 7) приезжала (прилетала) на пять дней; 8) за пять дней.

Упражнение 82. 1) в, на; 2) в, на; 3) —, на; 4) —, на; 5) в, на; 6) в, на, на; 7) на; 8) в, на.

Упражнение 86.	1) на два месяца, за два месяца, через два месяца; 2) на полчаса, полчаса, за полчаса, через полчаса; 3) на два часа, два часа, за два часа; 4) на минуту, на минуту, через минуту; 5) на четыре часа, четыре часа, через четыре часа, через четыре часа; 6) на неделю, через неделю, за неделю.
Упражнение 87.	1) ещё месяц, через месяц; 2) на две недели, через две недели; 3) за неделю, через / на неделю, неделю, через неделю; 4) за пять дней, за пять дней, пять дней, через пять дней; 5) на час, через час, за час, часа три; 6) на месяц, на месяц, пару недель, через пару недель, за пару недель; 7) на несколько дней, за несколько дней, несколько дней, через несколько дней.
Упражнение 89.	1. Девятнадцать лет. Если девочке x лет, то маме — 2x лет, а отцу — (2x + 5) лет. Тогда x + 2x + 2x + 5 = 100; x = 19. 2. Ваня придёт первым, а я, если не буду спешить, опоздаю на поезд. Я приду на вокзал, когда мои часы будут показывать 16.05, но на самом деле это 16.15, ведь мои часы опаздывают на десять минут. Ваня постарается прийти в 15.50, но на самом деле будет ещё 15.45.
Упражнение 90.	А. 1-б, 2-а, 3-в; Б. 1-б, 2-в, 3-а; В. 1-в, 2-а, 3-б; Г. 1-в, 2-а, 3-б; Д. 1-а, 2-в, 3-б; Е. 1-б, 2-в, 3-а; Ж. 1-в, 2-а, 3-б; З. 1-б, 2-в, 3-а.
Упражнение 94.	Слово «самый» можно вставить в предложения 2, 3, 4, 6.
Упражнение 95.	1) болел, заболел; 2) прочитал, читал; 3) переводили, перевели; 4) убрала, убирала; 5) рассказывал, рассказал; 6) получала, получила.
Упражнение 96.	1) до развода родителей; 2) перед смертью; 3) до этого печального события; 4) перед первым прыжком; 5) перед той ужасной аварией; 6) до этой экскурсии.
Упражнение 101.	1-в; 2-б; 3-а; 4-б; 5-а; 6-б; 7-б; 8-б; 9-в; 10-б.
Упражнение 103.	1) за пять минут до звонка, через минуту после звонка; 2) через десять минут после сигнала будильника, за несколько минут до начала занятий; 3) через десять минут после начала спектакля, за пятнадцать минут до начала; 4) через две минуты после отправления поезда; 5) через месяц после окончания университета; 6) за год до смерти, через несколько лет после его смерти.

Упражнение 105.	1) на две недели раньше; 2) на четверть часа позднее; 3) через двадцать минут после отправления; 4) за полчаса до него; 5) более двух тысяч лет назад; 6) на несколько секунд раньше; 7) на полгода позже.
Упражнение 115.	1-в, 2-б, 3-б, 4-б, 5-а, 6-б, 7-б, 8-б, 9-в, 10-в.
Упражнение 117.	1) целыми днями; 2) по вечерам; 3) каждую осень; 4) по средам; 5) по чётным; по нечётным числам; 6) каждый вторник и пятницу; 7) по несколько дней; 8) каждый август; 9) целыми днями; 10) целыми месяцами.
Упражнение 121.	1) подходил; 2) не получал; 3) выпивали; 4) проходили; 5) покупает; 6) ездим; 7) играют; 8) собирается; 9) сдаём; 10) выходит.
Упражнение 122.	1) подготовился, готовился; 2) читала, прочитала; 3) поедем, ездим; 4) смотрели, осмотрели; 5) куплю, покупаю; 6) решают, решат; 7) слышали, услышали.
Упражнение 128.	1. Мальчик делал урок с трёх до шести часов вечера. 2. Он забудет стихотворение за сорок минут. 3. Через 60 дней, в пятницу. 4.Этот человек был очень маленького роста. Он мог достать рукой только первую кнопку, но при помощи зонта мог дотянуться и до двадцатой.
Упражнение 129.	1-а; 2-б; 3-в; 4-а; 5-б; 6-а; 7-б; 8-б; 9-в; 10-б.
Упражнение 133.	1) в дождь; 2) в грозу; 3) в ясную, солнечную погоду; 4) в ливень (во время ливня); 5) в морозы; 6) в жаркие дни.
Упражнение 134.	А. 1) когда они расставались; 2) когда осматривали место преступления; 3) когда вода кипит; 4) когда вы поступаете в университет; 5) когда я готовился к первой лекции. Б. Можно использовать одну из следующих конструкций: Во время царствования (во времена, когда царём (царицей) был(а) …
Упражнение 135.	1) при встрече; 2) при переходе улицы; 3) при обсуждении статьи; 4) при расставании; 5) при знакомстве; 6) при Петре Первом; 7) при поступлении на работу.
Упражнение 137.	1) за обедом; 2) за ужином; 3) за чашечкой кофе; 4) за чаем; 5) за десертом; 6) за беседой.

Упражнение 138.	1) в дождь; 2) на рассвете; 3) за завтраком; 4) во время поездки; 5) за разговором; 6) при нём; 7) в ходе расследования.
Упражнение 143.	Вера — библиотекарь, Маша — парикмахер, Катя — домохозяйка.
Упражнение 144.	1-б; 2-в; 3-а; 4-б; 5-в; 6-б; 7-б; 8-в; 9-а; 10-б.
Упражнение 146.	1) дней на десять; 2) минуты на три; 3) часа в четыре; 4) часов в шесть; 5) в начале седьмого; 6) около восьми вечера; 7) начало второго; 8) в тридцатые годы девятнадцатого века; 9) в двадцатых числах июня; 10) к шести часам.
Упражнение 147.	1) дней через (за) десять; 2) примерно за полчаса; 3) в десятом часу; 4) в третьем часу; 5) около полуночи; 6) пару лет; 7) в десятых числах; 8) к семи часам.
Упражнение 149.	Ни в одном из этих предложений нельзя сделать такой замены.
Упражнение 151.	1) поступила, поступала, не поступила; 2) научился, учился, не научился; 3) сшила, шила, шила, не сшила; 4) напечатала, печатала, не напечатала.
Упражнение 153.	1) никогда; 2) никогда; 3) некогда; 4) некогда; 5) никогда.
Упражнение 154.	1-в; 2-а; 3-б; 4-б; 5-а; 6-б; 7-в; 8-б; 9-а; 10-б.
Упражнение 156.	Замена возможна во всех предложениях, кроме 6, 7 и 8.
Упражнение 157.	1) зазвонил; 2) поднимался; 3) становилось; 4) представлял / представил; 5) вспомнила; 6) будешь проходить; 7) мыла / вымыла; 8) вернусь.
Упражнение 161.	Замена возможна во всех предложениях, кроме 4, 6 и 8.
Упражнение 167.	1-а; 2-б; 3-а; 4-а; 5-б; 6-б; 7-а; 8-а; 9-б; 10-а.
Упражнение 169.	1) до того как; 2) перед тем как; 3) до того как; 4) перед тем как; 5) перед тем как; 6) до того как; 7) перед тем как.
Упражнение 170.	Замена невозможна в предложениях 3 и 4, так как союз вносит в предложение дополнительное значение опережения, предотвращения действия; в 5, 6, 7, 8 и 9 так как эти предложения содержат совет, рекомендации.

Упражнение 173.	1) придут, приготовить; 2) ушёл, привёл; уйдёт, приведёт; уходит, приводит (обычно); 3) встали, взошло; встанут, взойдёт; вставали, всходило (обычно); 4) ответить, подумать; отвечать, думать / подумать; 5) принял, взвесил; приму, взвешу; принимаю, взвешиваю (обычно); 6) решать, найди; 7) учить, научись.
Упражнение 180.	1) спросит; 2) спрашивал; 3) просил; 4) попросит; 5) извинился; 6) извинялся; 7) получишь; 8) получала.
Упражнение 181.	1) пока не наступил рассвет; 2) пока мой друг не приехал; 3) пока; 4) пока поезд не скрылся; 5) пока; 6) пока; 7) пока оркестранты снова не вышли; 8) пока не объявили амнистию.
Упражнение 184.	1) пока мы ждём автобуса; 2) пока не поменяли шины; 3) пока директор не освободился; 4) пока идёт встреча; 5) пока есть время до собрания; 6) пока не собрались; 7) пока мы ждём обеда.
Упражнение 186.	1) Мы уже было вышли из дома, как вдруг пошёл дождь. 2) Не успел закончиться дождь, как на небе появилась огромная радуга. 3) Стоило мне только позвонить, как сразу же приехала скорая помощь. 4) Мы уже начали было беспокоиться, как вдруг от неё пришло письмо. 5) Стоит вам только заказать книгу, как через четверть часа вы получите её. 6) Не прошёл он и пяти шагов, как упал.
Упражнение 187.	1) сломалась; 2) разошлись; 3) начался; 4) раздались; 5) открыла; 6) начала (начинала — о повторяющемся действии).
Упражнение 192.	1-б; 2-б; 3-б; 4-б; 5-б; 6-б; 7-б; 8-б; 9-б; 10-в.
Упражнение 193.	1) пришло, обрадовался; 2) защитит (защитил), начнёт (начал); 3) познакомились, изменилась; 4) выполняю, пользуюсь; 5) полетел, не уменьшилось; 6) сидит (сидел), возвращается (возвращался); 7) поженились (поженятся), отправились (отправятся).
Упражнение 194.	Замена невозможна в предложениях 2, 4, 5, 8.
Упражнение 204.	Собака пробежала 60 километров.
Упражнение 205.	1-а; 2-б; 3-б; 4-б; 5-в; 6-б; 7-б; 8-а; 9-б; 10-а.

Упражнение 210.   1) уже почти; 2) очень скоро (на днях); 3) рано утром, в последние дни (недавно); 4) никогда; 5) каждую минуту (часто); 6) долго; 7) быстро; 8) в позднее время.

Упражнение 211.   1) в своё время; 2) раньше времени; 3) одно время; 4) до поры до времени; 5) всё время; 6) в первое время; 7) в последнее время; 8) со временем; 9) детское время; 10) в то же самое время; 11) в скором времени; 12) время от времени; 13) на время.

Упражнение 212.   1) время от времени; 2) всё время; 3) чуть свет; 4) без году неделю; 5) в своё время; 6) с минуты на минуту; 7) тянет резину; 8) в два счёта; 9) минута в минуту.

Упражнение 213.   1) время от времени; 2) со временем; 3) вовремя; 4) за это время; 5) в то время; 6) во время; 7) со временем; 8) в то же время.

Упражнение 216.   1-б; 2-а; 3-б; 4-б; 5-в; 6-а; 7-а; 8-б; 9-б; 10-в; 11-а; 12-б; 13-б; 14-в; 15-б; 16-в; 17-в; 18-б; 19-б; 20-а; 21-а; 22-в; 23-а; 24-в; 25-б; 26-а; 27-а; 28-а; 29-в; 30-в; 31-а; 32-б; 33-б; 34-б; 35-в; 36-а; 37-б; 38-в; 39-б; 40-б; 41-в; 42-а; 43-а; 44-в; 45-а; 46-б; 47-а; 48-а; 49-б; 50-б; 51-в; 52-б; 53-б; 54-а; 55-б; 56-а; 57-б; 58-в; 59-в; 60-а.

Учебное издание

ХАВРОНИНА Серафима Алексеевна,
КАЗНЫШКИНА Ирина Владимировна

ВСЕМУ СВОЁ ВРЕМЯ
Средства и способы выражения времени в русском языке

Редактор: *Л.М. Саматова*
Корректор: *О.К. Юрьев*
Дизайн обложки: *Е.П. Кузнецова*
Вёрстка: *Е.П. Бреславская*

Формат 70×90/16. Объём 13,5 п. л. Тираж 1000 экз.
Подписано в печать 26.01.15. Заказ 31

Издательство ООО «Русский язык». Курсы
125047, г. Москва, 1-я Тверская-Ямская ул., д. 18
Тел./факс: (499) 251-08-45; тел.: (499) 250-48-68
e-mail: russky_yazyk@mail.ru; ruskursy@mail.ru;
ruskursy@gmail.com; rkursy@gmail.com
www.rus-lang.ru

Отпечатано с готового оригинал-макета издательства
в типографии ФГБНУ «Росинформагротех»
141261, пос. Правдинский Московской обл., ул. Лесная, д. 60. Тел.: (495) 933-44-04